Iris Marion Young

아이리스 매리언 영

서원주

<컴북스이론총서>는
현대를 호흡하는 사상가들을 소개합니다.
단순한 사상의 축약, 해제가 아닙니다.
해당 사상가를 연구해 온 전문가가 직접
사상가의 핵심 키워드 10개를 뽑아 해설하고 비평합니다.
인간과 비인간, 현실과 가상, 문화와 야만의
경계를 넘나드는 모든 사상을 싣겠습니다.
오늘을 살아가는 모든 이의 나침반이 되겠습니다.

컴북스이론총서

아이리스 매리언 영

서원주

대한민국, 서울, 커뮤니케이션북스, 2025

아이리스 매리언 영

지은이 서원주
펴낸이 박영률

초판 1쇄 펴낸날 2025년 11월 19일

커뮤니케이션북스(주)
출판 등록 제313-2007-000166호(2007년 8월 17일)
02880 서울시 성북구 성북로 5-11
전화 (02) 7474 001, 팩스 (02) 736 5047
commbooks@commbooks.com
www.commbooks.com

ISBN 979-11-430-1433-7 04300

책값은 뒤표지에 표시되어 있습니다.

구조적 부정의와 민주주의를 치열하게 사유하다

아이리스 매리언 영(Iris Marion Young, 1949～2006)은 미국의 정치·사회철학자다. 퀸스대학교에서 철학을 전공했고, 펜실베이니아주립대학교에서 철학 박사 학위를 받았다. 이후 마이애미대학교, 우스터공과대학교, 피츠버그대학교를 거쳐 시카고대학교 정치학과에서 교수로 재직하다가 2006년에 57세를 일기로 작고했다. 2008년 피츠버그대학교의 젠더·여성학과와 공공정책·국제학 대학원은 영의 때 이른 타계를 애도하며 공동체에 정치적으로 기여한 이들을 대상으로 아이리스 매리언 영상을 제정했다. 미국정치학회에서도 [마찬가지로 이른 나이에 타계한 정치철학자 수전 오킨(Susan Okin)의 이름을 함께 붙여] 오킨-영상을 수여하고 있다.

사회주의 페미니스트였던 영은 1970년대에는 현상학과 페미니즘에 깊은 관심을 보였다. 영의 '여성주의 현상학'적 연구의 결과물로는 모리스 메를로퐁티(Maurice Merleau-Ponty)와 장폴 사르트르(Jean-Paul Sartre)의 현상학적 논의를 인용하며 여성의 몸을 둘러싼 구조적 제약을 분석한 에세이 "소녀처럼 던지기(Throwing Like a Girl)"(1980)가 잘 알려져 있다. 이후 이 연구는 보충을 거쳐 1990년과 2005년 두 차례 저서로 출판되었다.

1980년대부터 영은 현대 정의 이론과 사회구조 이론 연구로 나아가며, 특히 구조적 부정의에 대한 분석을 본격적으로 다룬 저서 ≪차이의 정치와 정의(Justice and the Politics of Difference)≫(1990)로 학적 명성과 인정을 얻었다. 이 저서는 분배적 정의를 중심으로 논의가 이루어지던 당시 자유주의적 정의론의 한계를 날카롭게 지적하고, 억압과 지배라는 새로운 문제틀을 통해 사회 부정의를 논하면서 정의 이론과 정치철학의 지평을 확장했다. 이로써 영은 추상적인 이상적 사회 모델을 세우려는 시도에 반대하고, 비판이론적 관점에서 현실에 존재하는 억압과 지배를 구체적으로 진단·개선하려는 노력을 촉구했다. 또한 영은 자유주의 정치철학의 개인주의적·원자론적 논의 방식 대신 관계적이고 차이중심적인 철학의 중요성을 역설하면서 동일성만을 추구하는 정치철학적 관점을 강하게 비판했다.

이후 영은 사회 정의와 민주주의, 소수자, 포함(포용)과 배제 문제 등을 지속적으로 고찰하며 ≪교차하는 목소리들(Intersecting Voices)≫(1997), ≪포용과 민주주의(Inclusion and Democracy)≫(2000) 등 주요 저서들을 출간한다. 이 저서들에서 영은 숙의민주주의적 관점에서 차이를 무시하지 않는 정치철학이 어떻게 가능할지 물으며 숙의민주주의가 지닌 배제적 성격을 고찰하고 이를 보완하기 위한 중요한 아이디어들을 제시한다. 또한 차이가 단순히 제도적으로 끌어안아야 할 대상이 아니라 민주주의가 건강하게 작동하기 위한 자원이라고 설명하면서 현대사회의 다원성이라는 조건과 민주주의의 연관을 심층적으로 검토한다.

영의 타계 후에도 ≪국제적 도전(Global Challenges)≫(2006), ≪정의를 위한 책임(Responsibility for Justice)≫(2011)이 출판되었다. 특히 유고 ≪정의를 위한 책임≫은 영의 딸 모건 알렉산더영(Morgen Alexander-Young)이 출판했으며, 영의 동료 연구자였던 마사 누스바움(Martha Nussbaum)이 서론을 작성했다. 영이 작고하기 전 남긴 이 저서는 시민들이 사회구조적 부정의에 어떻게 책임을 져야 하는지, 이 책임의 성격은 무엇이어야 하는지, 그것이 기존 법적·도덕적 책임 논의와 어떤 지점에서 다른지 등을 면밀하게 논했다. 그리하여 이 저서는 구조적 부정의에 대한 책임을 새롭게 해석해 책임의 패러다임을 전환하는 저서라는 평을 받았다.

이처럼 영의 이론적 작업과 관심 분야는 정의와 민주주의, 페미니즘, 국제 이론, 정책학 등 다양한 분야에 걸쳐 있다. 서문에서는 이 책의 논의를 이해하기 위한 세 가지 키워드를 중심으로 영의 이론을 소개하고자 한다. 구조적 부정의, 민주주의, 정치적 책임이 그것이다.

비판이론적 관점에서 바라본 구조적 부정의

정의에 대한 정치철학적 연구를 본격적으로 전개하기 시작한 1980년대부터 영은 자유주의적 정의관의 한계를 지적하며 민주적 의사소통 등 여러 관계적·제도적 맥락을 토대로 대안적 정의 개념을 제시한다(Young, 1981). 이때부터 영은 분배적 정의를 중심으로 한 정의 이론의 문제를 비판하고 이를 넘어서려 한다. 이 논의들은 이후 출간된 ≪차이의 정치와 정의≫의 기본 틀을 형성한다.

사회 정의에 대한 논의에서 영은 비판이론(critical theory)의 입장을 취한다(Young, 2017: 30). 프랑크푸르트 학파(Frankfurt School)라고도 불리는 비판이론은 테오도어 아도르노(Theodor Adorno), 막스 호르크하이머(Max

Horkheimer), 위르겐 하버마스(Jürgen Habermas), 악셀 호네트(Axel Honneth) 등 사회의 병리적 상태를 진단하고 비판하려 하는 일련의 이론가들의 사상적 흐름을 가리킨다. 영은 사회를 규범적으로 판단할 때 현실적인 사회 맥락 외부의 어떤 원칙이나 전제를 가져오지 않는다는 점에서, 나아가 이러한 현실 사회의 부정과 해방을 논한다는 점에서 자신이 비판이론적 입장을 취한다고 설명한다.

영의 입장은 자유주의적 정의관의 추상성에 대한 문제 제기로 이어진다. 가령 존 롤스(John Rawls)의 계약론에서 시도되듯이 자유주의 이론들은 종종 논의의 출발점을 현실 사회에 두는 대신 이상적 사회 모델을 구축함으로써 사회 정의와 규범을 설명하려 한다. 자유주의 정치철학의 추상적 접근 방식이 지닌 문제는 구성원들의 특수한 맥락을 삭제한다는 점이다. 이상화된 규범적 모델을 구성하기 위해 자유주의적 정의 이론은 ('사적 영역' 또는 '포괄적 교설' 등으로 규정되는) 구체적이고 특수한 것을 배제하는 방식을 택한다. 이로써 모든 구성원이 공유하는 공적 영역에서의 보편적이고 일반화된 규범적 판단이 도출될 수 있다. 그러나 이때 삭제된 개별적·역사적 특수성 없이는 현실 사회를 판단하기 어렵다. 따라서 이상적 정의 이론은 현실과 완전히 유리되어 사회 문제에 적용될 접점을 잃거나, 구체적 상황에 적용을 시도할 경우 논의가 매우 자의적인 방식으로 흘러간다.

영은 현실 문제의 비판과 개선을 고민하려면 사회의 실질적인 맥락과 구조로부터 논의를 시작해야 한다고 주장한다(Young, 2017: 27). 즉 사회에 대한 규범적 고찰이 이상화된 모델을 필요로 하지 않는다는 것이다. 사회 정의의 관점에서 우리에게 필요한 것은 가장 완벽한 상태를 제시하고 이에 맞춰 가려는 노력이 아니라 구성원들이 현재 경험하는 현실의 부정의가 무엇인지 진단하고 개선하는 일이다. 이런 이유에서 영은 롤스와 같은 자유주의 정치철학자처럼 정의에 대한 체계적 이론을 수립하려 시도하지 않는다. 그 대신 우리가 일상화된 실천과 관습 속에서 겪고 있는 문제들을 깊이 파고들어 그 맥락을 파악하는 것을 자신의 정의 이론에서 핵심으로 삼는다.

그런데 현실에 존재하는 사회적 부정의를 고찰할 때 영이 주목하는 것은 개별 행위 혹은 행위자가 아니다. 그보다 중요한 것은 구성원들이 그러한 행위를 지속적으로 수행하게끔 하는, 나아가 행위에 가치나 의미를 부여하는 형식으로서 '제도적 맥락' 혹은 '사회구조적 과정'이다. 가령 이를 여성의 가사노동과 관련지어 살펴본다면 다음과 같은 질문들이 떠오를 것이다. 가사노동에는 사회적으로 어떤 의미가 부여되는가? 가사노동은 다른 사회적 활동과 어떤 관계를 맺는가? 얼마나 보상받고 있으며, 그 보상은 해당 노동을 주로 수행하는 계층에게 장기적으로 어떤 제약으로 작동하는가? 혹은 어떤 전망을 가능하게 하는가? 이러한 문제들을 고찰하면서, 우리는 특정한 개개인만이 아니라 포괄적인 집단적·관계적 맥락에서 사회 구성원들이 처하는 제약을 발견한다. 영은 이 제약을 '사회구조적 과정'이라는 개념으로 포착하고자 하며, 나아가 사회구조적 맥락에서 발생하는 불평등 또는 제약을 '구조적 부정의(structural injustice)'라고 명명한다.

영은 구조적 부정의의 유형으로 '억압(oppression)'과 '지배(domination)'라는 개념들을 제시한다. 억압이 사회 구성원들의 자기계발, 즉 행위 역량의 발전에 대한 구조적 제약을 의미한다면, 지배는 구성원들의 자기결정, 즉 정치적 참여를 통한 민주주의적 결정 과정에서의 배제를 의미한다.

차이를 포용하는 민주주의

영은 사회 정의와 민주주의 사이에 본질적 연관이 존재한다고 설명한다. 이 연관은 단순히 다수결과 같은 형식적 절차만을 의미하지 않으며, 사회 구성원들 간 대화 속에서 생겨나는 정치적 평등, 소수자 집단과 차이에 대한 포용(inclusion)이라는 이상으로 이해되어야 한다.

민주주의에 대한 논의에서 영은 기본적으로 숙의민주주의적 입장을 취한다. 단순히 투표를 통해 자신의 선호를 표출하는 것을 넘어, 구성원들이 사안에 대해 함께 진지하게 토론하고 대화해 서로 이해하는 과정은 사회 정의의 필수 조건이자 그 자체로 본래적 가치를 지닌다(Young, 2017: 206-207). 이 과정에서의 자유롭고 평등한 대화 상황은 정의의 본질적 요소를 구성하기 때문이다. 그러나 다른 한편으로 민주주의에 대한 기존 이론들은 대화 과정에서 합의를 비롯한 통일성에의 도달을 지나치게 강조해 왔다. 가령 공론장과 숙의민주주의 이론을 깊이 있게 다룬 대표적 학자인 하버마스는 어떤 규범이나 결정이 정당화될 수 있는 조건으로 관련된 모든 당사자가 동의해야 한다는 '담론 원칙'을 제시한다(Habermas, 1983: 103). 그 외에도 마이클 월저(Michael Walzer), 데이비드 밀러(David Miller), 제인 맨스브리지(Jane Mansbridge) 등 민주주의를 다룬 이론가들 대다수에게 숙의민주주의는 공동의 이해를 추구하고 구성하는 제도로 이해되어 왔다(Young, 2020: 60).

하지만 통일성에 대한 강조는 사회적 구성원들 간 차이

의 무시로 이어진다. 이 무시는 오늘날 다원주의적 사회의 조건하에서 더욱 간과되기 어려우며, 나아가 시민들의 상호 소통에 대한 잘못된 이해로 귀결된다(Young, 1997: 66). 만약 대화와 토론이 모든 구성원으로 하여금 동일한 내용을 공유하게 하는 방향으로 나아간다면, 이는 공적 대화의 영역을 매우 좁게 축소하는 것에 불과하다. 설령 동일한 상호 이해에 도달하는 것을 목표로 하더라도, 이는 쉽게 넘어서기 어려운 구성원들 간 사회적 지위의 차이를 무시할 수 있다. 따라서 영은 민주주의 내에서 이루어지는 소통을 차이 배제적 방식으로 설정해서는 안 된다고 지적하며, 숙의민주주의가 차이에 둔감하지 않은 포용적 방식으로 작동해야 한다고 주장한다.

영이 보기에 구성원들이 차이를 갖는다는 것은 (여러 숙의민주주의 이론가들의 가정과 달리) 소통을 불가능하게 하는 요인이 아니라 오히려 민주주의를 활발하게 만드는 자원으로 기능한다. 구성원들은 대화 과정에서 서로의 입장을 확인함으로써 자신의 지식이 지닌 제약을 자각하는 동시에 사회적 지식을 확장한다(Young, 1997: 68). 이처럼 소통이 다원성의 계기를 보존하면서도 서로의 입장을 경험하는 과정으로 이해될 때 숙의민주주의는 차이를 포용하는 방식으로 작동할 수 있다.

그럼에도 공론 영역에서의 대화에 대한 이해는 오늘날 여전히 차이 배제적 방식에 기울어 있다. 특히 이 배제는 모든 특수한 맥락을 제거하는 방식으로 공적 영역 또는 사회 정의를 규정하는 '불편부당성(impartiality)' 이념에 토대한다. 이 불편부당성은 허구일 뿐 아니라 실제 사회를 이루는 수많은 구성원들을 정의의 담론에서 소외시킨다. 영은 이러한 문제를 극복하고 더 많은 집단적 차이를 민주적 공론장으로 끌어들이기 위해 숙의적 과정에 더 다양한 형태의 소통 양식들을 받아들여야 한다고 주장한다.

구조적 부정의에 대한 책임

1990년 저작 ≪차이의 정치와 정의≫에서 영은 사회구조적 부정의를 중점으로 다루면서 이 부정의에 대한 책임 문제를 간략하게 언급한다(Young, 2017: 328). 여기서 영은 고의로 어떤 잘못된 행위를 저지른 데 대한 책임을 일상적 관습과 제도적 참여 속에서 생겨나는 부정의에 대한 책임과 다른 층위로 설명해야 한다고 주장한다. 부정의에 대한 책임이 기존의 법적·도덕적 책임과 달라져야 한다는 문제의식은 영의 유고 ≪정의를 위한 책임≫에서 본격적으로 다뤄진다.

전통적인 법적·도덕적 담론에서 책임은 특정 행위를 수행한 개인에게 주어지는 것으로 이해되었다. 이 개인중심적 관점은 책임의 맥락을 개인에 한정해 이해하며, 나아가 책임의 내용 역시 해당 행위에 대한 인과적이고 응보적(retributive)인 방식으로 바라본다. 즉 책임이 어떤 잘못된 행위에 대한 개인적 처벌 또는 비난, 보상과 같은 방식으로 주어진다고 여긴다.

책임 개념을 이렇게 이해할 때의 난점은, 오늘날의 사회부정의 대부분이 개별 행위의 인과적 연결 방식으로 설명되기 어렵다는 점에서 생겨난다. 사회 문제들은 수많은 행위자들이 광범한 시공간에 참여하는 가운데 발생하기 때문에 개별 행위자의 인과적 기여도를 별도로 측정하기란 거의 불가능하다. 예를 들어 인종주의나 성차별적 문화·제도가 작동하는 데서 특정 개인의 책임 정도를 따지기란 결코 쉽지 않을 것이다. 따라서 사회 문제에 관해 특정 개인을 처벌하거나 비난하는 방식의 책임 묻기는 이 같은 문제를 해결하는 데 거의 도움을 주지 못한다.

또한 책임에 대한 전통적 담론은 개인들에게 영향을 미치는 사회적 환경을 책임의 논의에서 배제한다. 이러한 환경이 사전에 형성되어 개인적 선택·행위와 독립적이라고 간주하기 때문이다(Dworkin, 2002: 33). 하지만 구성원들이 특정한 방식으로 행위하게 하는 맥락과 환경을 개선하지 않는다면, 그와 같은 관습, 문화, 습속 등에 따라 행위하는 구성원들에게 잘못을 아무리 물어도 결코 문제는 해결되지 못할 것이다.

이러한 문제를 해결하기 위해, 영은 기존의 법적·도덕적 책임 논의 방식과 다른 관점에서 책임을 논하고자 한다. 사회구조적 부정의라는 문제를 다루려면 개별 행위자들을 비난하거나 처벌하는 방식이 아니라 행위의 배경 조건으로서 구조를 개선하기 위한 책임이 필요하다는 것이다. 이는 사회 전체에서 생겨나는 문제에 구성원들이 어떻게 기여·참여하는지를 고찰하면서 그에 대한 개선을 시민적 관점에서 통찰하고 행동하도록 요구한다. 영은 이 책임을 '정치적 책임(political responsibility)'이라고 부르며, 책임에 대한 이러한 고찰 방식을 '사회적 연결 모델(social connection model)'로 명명한다.

이 책의 구성

앞서 소개한 것처럼 이 책의 내용은 크게 '구조적 부정의',

'민주주의' 그리고 '정치적 책임'이라는 세 가지 키워드를 통해 설명된다. 1장에서 5장까지는 구조적 부정의를 설명하고, 6장과 7장에서는 민주주의를, 8장에서 10장까지는 정치적 책임 문제를 다룬다.

1장 "비분배적 정의"에서는 영이 지적한 분배적 정의관의 한계들을 살펴본 뒤, 영이 어떻게 이 한계들을 넘어 사회비판의 관점에서 정의의 틀을 구축하는지 다룬다. 영의 정의 이론은 구성원들이 연관되는 사회구조적 과정에서 구성원들의 자기계발과 자기결정의 영역이 어떻게 제약 또는 침해되는지를 중심으로 정의의 영역을 새롭게 논한다.

2장 "사회구조적 과정"에서는 '사회구조' 혹은 '사회구조적 과정'을 어떻게 이해할지에 대한 영의 논의를 다룬다. 영은 롤스가 세시하는 구조중심적 정의관이라는 틀을 받아들이면서도, 앤서니 기든스(Anthony Giddens)나 피에르 부르디외(Pierre Bourdieu) 등의 논의를 바탕으로 롤스보다 더 확장적인 방식으로 사회구조를 이해하고자 한다.

3장 "사회 집단"에서는 정의의 문제에서 당사자(주체)의 설정 방식으로서 사회 집단 개념을 깊이 고찰한다. 자유주의적 개인 개념을 넘어 정의의 주체를 고민할 때, 우리는 기존의 철학적 논의에서 집단 개념을 다루던 방식의 한계를 직면한다. 이때 영은 사회구조적 관계성을 토대로 사회 집단을 재구성하고자 한다.

4장 "억압"과 5장 "지배"에서는 구조적 부정의로서 억압과 지배 문제를 본격적으로 논한다. 억압이 구성원들의 역량적 자기계발에 대한 구조적 제약을 의미한다면, 지배는 각각의 자기결정에 대한 제약을 가리킨다. 억압에 대한 논의가 역량의 침해라는 관점에서 경제적 분배와 문화적 인정의 복합적 사례들을 다섯 가지로 나누어 분석한다면, 지배에 대한 문제 제기는 현대 복지자본주의 사회에서 시민들의 민주주의적 참여가 어떻게 제약당하는지 고찰한다.

6장 "불편부당성의 환상"에서는 자유주의적인 '불편부당성' 이념을 '차이의 정치' 관점에서 비판적으로 살펴본다. 기존 자유주의적 정치철학, 그리고 공공성을 강조하는 숙의민주주의 전통은 구성원들의 차이를 너무 쉽게 무시하고 획일화하는 관점을 취해 왔다. 이에 대한 비판으로서 영은 차이를 존중하면서도 공공성의 관점으로 나아가는 민주주의를 제안한다.

우리가 7장 "포용적 민주주의"에서 보게 될 것처럼, 영이 제안하는 '차이에 기반하는 민주주의'는 쉽게 획일화할 수 없는 수많은 차이로부터 대화와 설득이 시작되어야 한다는 점을 강조하면서 서로 다른 위치에 놓인 구성원들에게 자신의 견해에 갇히지 않고 상호 이해의 과정으로 나아갈 것을 요청한다. 영이 공적 관점을 지속적으로 강조하는 이유는, 민주주의가 단지 사적 이익을 추구하기 위한 도구적 수단이 아니라 공공의 관심사를 형성하고 소수자의 이해관계를 보호함으로써 사회 정의를 실현하는 장이 되어야 한다고 생각하기 때문이다.

사회 정의를 구조적 부정의에 대한 개선으로 이해할 때, 관건은 사회 구성원들이 이 부정의와 어떻게 관련되어 있는지, 그것을 어떻게 개선할 것인지 파악하는 데 있다. 8장 "책임을 공유하기"에서는 '정치적 책임' 개념을 중심으로 이 문제를 해명한다. 한나 아렌트(Hannah Arendt)가 제시한 집단적 책임 개념으로서 '정치적 책임' 개념이 무엇을 의미하는지 살펴본 뒤, 영이 이 개념을 어떻게 재해석하고 사회구조적 과정과 연관 짓는지 살핀다.

뒤이어 9장 "사회적 연결 모델"에서는 이러한 사회구조적 과정에 대한 책임을 고찰하기 위해 행위가 발생하는 맥락과 배경 조건을 대상으로 삼는 책임의 모델을 논한다. 영이 '사회적 연결 모델'이라고 명명하는 이 책임 모델을 개인 행위 중심적인 전통적 관점('법적 책임 모델')과 비교함으로써 그 특징을 자세히 해명한다.

마지막으로 10장 "정치적 책임과 남은 문제들"에서는 사회적 연결 모델에 제기될 수 있는 비판들을 깊이 고민한다.

특히 비난과 책임의 연관성, 그리고 정치적 책임을 개별 할당할 때의 기준 문제를 다룬다.

구조적 부정의를 진단하고 그것을 개선하기 위한 책임을 논한 영의 사유는 오늘날 어떤 중요성을 갖는가? 빈곤, 불평등, 기후위기, 인종주의와 폭력 등 광범위한 사회적 문제들을 직면한 오늘날, 우리는 이들 문제를 특정 개인들만의 이슈로 간주할 수 없다. 모든 구성원이 보편적으로 이 문제들을 직면했고, 그것들을 해결하려면 구성원 모두가 동참하고 협력해야 한다. 이 공동 행위에의 참여를 어떻게 요구하고 설득할 것인가? 이러한 맥락에서 영의 정치·사회철학은 매우 시의적절한 함의를 갖는다.

참고문헌

Dworkin, R.(2002). *Sovereign Virtue: The Theory and Practice of Equality*. Cambridge, Mass.; London: Harvard University Press.

Habermas, J.(1983). *Moralbewußtsein und kommunikatives Handeln*. Frankfurt am Main: Suhrkamp.

Young, I. M.(1981). Toward a Critical Theory of Justice. *Social Theory and Practice*, *7*(3), pp. 279-302.

Young, I. M.(1990). *Justice and the Politics of Difference*. Princeton, NJ: Princeton University Press. 김도균·조국 옮김(2017). ≪차이의 정치와 정의≫. 모티브북.

Young, I. M.(1997). *Intersecting Voices*. Princeton, NJ: Princeton University Press.

Young, I. M.(2000). *Inclusion and Democracy*. New York: Oxford University Press. 김희강·나상원 옮김(2020). ≪포용과 민주주의≫. 박영사.

차례

일러두기

- 인명, 작품명, 저서명, 개념어 등은 한글과 함께 괄호 안에 해당 국가의 원어를 병기했습니다.
- 외래어 표기는 현행 어문규정의 외래어표기법을 따랐습니다. 단, '한나 아렌트(Hannah Arendt)'는 국내에서 통용되는 표기를 따랐습니다.

01
비분배적 정의

영의 정의관에서 두드러지는 가장 큰 특징은 그것이 근대 철학 이래 정의의 패러다임으로 간주되어 온 분배적 정의관을 넘어서고자 시도한다는 점이다. 영은 기존 정의 이론들이 사회 구성원들에게 분배된 재화의 양을 측정하면서 그 불평등에 초점을 맞춰 왔다고 진단한다. 하지만 이러한 분배적 정의관은 재화를 분배받는 구성원들 사이의 사회관계를 도외시하고 이들을 철저히 원자론적인 존재로만 간주한다는 한계를 벗어나기 어렵다.

분배 정의 패러다임의 두 가지 문제

우리가 '정의'라는 단어를 들었을 때 가장 먼저 떠올리는 이미지는 저울을 든 정의의 여신상의 모습 또는 파이를 균등하게 나누는 모습일 것이다. 아리스토텔레스가 ≪니코마코스 윤리학≫에서 일반적인 정의 문제를 '분배적 정의'(비례적 정의)로 규정한 이래 정의를 자원(재화, 지위, 명성 등)의 공정한 분배로 구상하는 것은 매우 일반적인 사고방식이었다. 하지만 분배적 정의관이 사회 정의의 주된 패러다임으로 자리 잡은 것은 특히 자유주의적 사고의 확장과 밀접하게 관련된다. 자유주의적 관점은 사회 구성원으로서 개인을 먼저 가정하고 이로부터 정의로운 사회를 논의하는데, 이때 핵심 문제는 사회에 이미 존재하는 개인이 얼마만큼의 자원을 분배받아야 하는지다. 대표적으로 정의 이론가 존 롤스는 정의 개념을 '사회적 기본 구조의 분배적 측면을 평가'하는 기준점으로 파악하며, 로널드 드워킨(Ronald Dworkin) 역시 개인이 갖는 운의 문제에 대응해 국가가 자원을 충분히 분배하는 것에 중점을 둔다(Rawls, 1971: 4; Dworkin, 2005).

영은 자유주의적 정의 이론을 비판하는 사상가들조차 분배적 정의관을 공유한다는 사실을 지적한다. 공동체주의자 마이클 월저는 롤스의 정의 이론을 비판하며, 한 종류의 재화(특히 경제적 재화)가 다른 영역의 재화들에 대해 지배적 지위를 점하는 상황을 문제시한다(Walzer, 1983: 10). 하지만 월저 역시 분배적 논법을 사용하며, 사회적 재화들을 어떻게 분배할지의 문제에 치중한다(Young, 2017: 55). 분배중심적 관점은 평등지향적인 마르크스주의적 관점에서 이루어지는 비판에서도 발견된다. 마르크스주의 정치철학자인 제럴드 앨런 코언(Gerald Allan Cohen)은 롤스 정의 이론의 문제가 너무 큰 불평등을 허용하는 자원 분배의 방식과 원리에 있다고 설명할 뿐(Cohen, 1991), 분배중심적 관점 자체의 문제를 지적하지는 않는다.

영은 사회 정의에 대한 분배중심적 사유가 분배의 평등/불평등 문제를 넘어 더욱 근본적인 한계를 안고 있다고 지적한다. 그 한계란 다음과 같다. 첫째, 분배중심적 정의관은 물질적 재화를 분배하는 사회적·제도적 맥락을 도외시한다. 둘째, 권리, 자유와 같은 비물질적 개념들을 분배적 논리로 사유하는 시도는 이 개념들을 왜곡하는 결과를 낳는다.

먼저 자원의 공정한 분배만을 문제 삼는 관점은 자원 분배가 일어나는 사회관계들을 도외시한다(Young, 2017: 59). 즉 한 사회에서 재화가 불평등하게 분배되어 있을 때 이 불평등이 발생한 맥락을 전혀 논하지 못한다. 자유주의적인 분배적 정의관은 재화의 분배를 일시적인 결과적 시점에서 고려하기 때문에 불평등이 발생한 역사적 과정은 설명하지 않는다. 또한 자유주의가 전제하는 개인주의적 출발점은 개별 행위나 행위자의 관점으로 환원될 수 없는 사회구조적 현상에 대한 이해를 방해한다.

한 집단에서 다른 집단으로 소득이 체계적으로 이전되는 현상, 즉 착취 문제를 검토해 보자. 자유주의적 분배 정의 이론은 특정 구성원들이 다른 이들보다 더 많은 재화를 지닌 상황을 정의롭지 않다고 진단할 수 있다. 하지만 이 진단은 자원이 사회적으로 불균등하게 나누어진 일시적·결과적 상황만을 문제시할 뿐, 애초에 불평등을 초래한 과정으로서 착취적 사회관계를 제대로 평가하지 못한다. 한 사회 내에서 자원을 재분배한다고 해도, 사회관계가 개선되지 않는다면 불평등은 일시적으로 개선될 뿐 다시 반복되거나 심지어 더욱 심화할 수밖에 없다.

방글라데시의 그라민 은행(Grameen Bank)은 이 문제를 보여 주는 대표적 사례다. 그라민 은행의 소액 대출 사업은 사회적 빈곤을 해결하는 혁신으로 간주되었으나, 실제로는 빈민들을 빚더미에 앉히며 사회 구성원들을 자본의 폭력 앞에 노출했다고 비판받는다. 여기서 분배중심적 정의의 한계에 대한 영의 논의와 관련해 중요한 부분은, 대출 당사자의 대부분이 빈민 여성이었음에도 많은 경우 대출금의 실제 사용자가 그들의 남편이었다는 점이다(Karim, 2015). 그라민 은행의 대출 사업은 여성의 권리 향상을 목표로 삼았음에도 가부장제와 자본주의가 긴밀하게 연관된 실제 사회관계를 충분히 고려하지 못한 채 이루어져, 빈민 여성들에게 빈곤에서 벗어날 기회를 제공하기는커녕 그들을 대출의 덫에 빠뜨렸다.

우리는 사회관계를 탐구함으로써 정의의 영역이 단순히 재화의 분배만으로 해명될 수 없으며, 분배를 발생시키는 제도적 맥락을 함께 고려할 필요가 있음을 알게 된다(Young, 2017: 66). 재화의 분배를 다루기에 앞서 분배 대상이 무엇인지, 그 재화의 의미가 무엇인지와 같은 비분배적 쟁점을 먼저 고려해야 하는 이유다.

영이 비판하는 분배 패러다임의 또 다른 한계는 비분배적 쟁점들까지 분배적 관점에서 설명하려는 시도가 사회관계를 토대로 구상되어야 하는 핵심 개념들을 왜곡한다는 것이다(Young, 2017: 71). 가령 롤스는 ≪정의론(A Theory of Justice)≫에서 정의의 주제가 '사회 제도들이 근본적 권리들과 의무들을 분배하는 방식'이라고 설명한다(Rawls, 1971: 6). 이처럼 권리 혹은 의무를 분배한다는 발상은 이 개념들을 양화 가능한 물질로 구상함을 뜻한다. 그런데 영이 보기에 권리를 물건처럼 설명하는 것은 어색하다. 자유로운 표현의 권리를 누군가에게 자원처럼 분배하는 것이 가능한가? 권리가 파이와 같이 한정된 재화라면, A에게 표현의 자유를 인정하는 것은 B의 표현의 자유를 빼앗아서 다시 분배하는 상황을 의미한다. 그러나 표현의 자유는 사회적으로 보장되거나 확장되는 것이지, 누군가에게서 빼앗아 재분배하는 대상이 아니다. 표현의 자유 혹은 재판받을 권리 등 핵심적인 권리들을 물건처럼 생각하면 그 본질을 놓치게 된다.

영은 권리와 의무, 권력 등 정의 이론의 핵심 개념들이 근본적으로 사회 구성원들 간 관계 속에서 생겨난다고 설명한다(Young, 2017: 73). 구성원들의 정치경제적·문화적 지위, 다시 말해 구성원들이 생산관계 속에서, 정치적 의사결정 속에서 맺는 관계가 이 개념들을 형성한다는 것이다. 분배중심적 정의관의 중대한 문제는 정의의 핵심 개념들이 지닌 이러한 관계적 성격을 무시한다는 데 있다. 분배정의 패러다임은 양적으로 측정되어서는 안 되는 사회관계들을 모두 물화(物化)하는 오류를 범하며, 이로써 사회정의 역시 왜곡된 방식으로 설명한다.

물론 권리나 자유와 같은 개념들을 관계적으로 이해한

다고 해서 분배적 논의가 중요하지 않게 되거나 불필요해지는 것은 아니다. 분배적 논의는 권리와 자유의 보장에 중요하며 필요하다. 교육받을 권리를 보장하기 위해서는 충분한 자원과 예산을 할당해야 한다. 다만 영은 자원 분배 자체를 권리·자유의 보장과 동일한 것으로 보거나 분배적 방식으로 권리를 사유해서는 안 된다고 지적한다. 그럴 경우 권리와 자유가 띠는 복잡한 사회적 관계성을 놓쳐 핵심 권리들을 시민들에게 평등하게 보장하는 데 실패할 수 있기 때문이다.

현실 속 부정의를 진단하고 개선하기

그렇다면 정의의 영역은 어떻게 구상되어야 하는가? 분배 너머의 방식으로 정의의 주제를 확장한다면, 구체적으로 무엇을 다루게 되는가? 영은 정의의 주제가 '좋은 삶의 문제'로 확장되어야 한다는 공동체주의적 주장에는 동의하지 않는다(Young, 2017: 94). 그러한 주장은 자의적인 인간 본성론과 결부될 위험이 있으며, 다원주의적인 현대 사회의 조건과도 그다지 부합하지 않기 때문이다(이런 맥락에서 영은 롤스와 사회구조적 정의관을 공유한다).

영에게 정의 개념은 사회 제도와 관계들이 구성원들의 삶에 부당한 제약을 가하는 문제와 관련된다. 이 부당한 제약은 크게 두 층위로 나뉜다. 하나는 "자신의 역량을 계발하고 행사하며, 자신의 체험을 표현"하는 자기계발에 대한 제약이다. 영은 이를 '억압'이라고 지칭한다. 억압은 우리가 필요한 기술을 익히고 사용하거나 무언가를 즐기고 표현하는 활동을 막는 구조적 제약을 의미한다. 다른 하나는 "자신이 어떤 행동을 할지 결정하는 데 참여하며, 또 자신이 행동하게 될 조건들을 결정하는 데 참여"하는 자기결정에 대한 제약이다. 영은 이를 '지배'로 명명한다 (Young, 2017: 99). 지배 문제에서 관건은 정치 지도자를 뽑는다는 의미에서의 결정만이 아니라 구성원들 자신의 제반 조건에 대한 자기결정권이다.

지배와 억압이라는 개념을 제시한 데서 잘 드러나듯 영의 정의 이론이 지향하는 목표는 이상적 사회의 지향점으로서 추구해야 하는 상태를 체계화하는 것이 아니다 (Young, 2017: 26). 영은 우리가 현실에서 지양해야 할 부정적 상태를 구체적으로 진단하고 개선할 것을 촉구한다. 영의 정의 개념은 롤스의 정의관과 같은 체계적·이상적 정의관보다 현실 진단·개선을 강하게 촉구하는 비이상적 지향을 지닌다. 분배중심적 정의관이 이상적 분배 상태를 논하는 가운데 현실 사회의 맥락과 유리된 폐쇄적 체계를 제시하려 한다면, 비판이론가로서 영은 정립된 체계로서의 정의가 아니라 현실 사회에 존재하는 부정의를 진단하고 성찰하며 개선하는 데 초점을 맞춘다.

참고문헌

Cohen, G. A.(1991). Incentives, Inequality, and Community. The Tanner Lectures on Human Values, Stanford University.

Dworkin, R.(2000). *Sovereign Virtue: The Theory and Practice of Equality*. Cambridge, Mass.: Harvard University Press. 염수균 옮김(2005). ≪자유주의적 평등≫. 한길사.

Karim, L.(2011). *Microfinance and Its Discontents: Women in Debt in Bangladesh*. University of Minnesota Press. 박소현 옮김(2015). ≪가난을 팝니다≫. 오월의봄.

Rawls, J.(1971). *A Theory of Justice*. Cambridge, Mass.: Harvard University Press. 황경식 옮김(2003). ≪정의론≫. 이학사.

Walzer, M.(1983). *Spheres of Justice*. Basic Books.

Young, I. M.(1990). *Justice and the Politics of Difference*. Princeton, NJ: Princeton University Press. 김도균·조국 옮김(2017). ≪차이의 정치와 정의≫. 모티브북.

02
사회구조적 과정

분배적 정의보다 확장된 정의는 정확히 무엇을 대상으로 삼는가? 이 질문에 답하면서 영은 정의의 주제가 '사회구조'라고 주장한 롤스의 관점을 일부 이어받는다. 하지만 영이 제안하는 사회구조 개념은 롤스의 개념보다 훨씬 포괄적인 방식으로 제시된다. 이 사회구조 개념은 영의 이론에서 매우 핵심적인 역할을 한다.

사회 정의의 주제

정의 이론의 대상은 무엇인가? 정의 이론은 기존 도덕 이론과 어떤 차이가 있는가? 롤스의 정의 이론은 정치철학에서 이들 질문이 본격적으로 제기되기 시작한 출발점이다. 휴고 베도(Hugo Bedau)는 롤스의 이론이 띠는 독창성이 정의 이론의 주제를 개인의 행위 또는 사회 전체 영역이 아니라 사회의 기본 구조(basic structure of society)로 한정한 데 있다고 설명한다(Bedau, 1978). 이때 롤스가 말하는 기본 구조란 '사회 제도들이 근본적 권리들과 의무들을 분배하는 방식'(Rawls, 1971: 6), 다시 말해 정치적 권리와 의무, 권한과 면제 등을 수반한 직책과 직위를 규정하는 규칙들의 공적 체계를 의미한다. 즉 롤스는 행위의 보편적인 옳고 그름을 규정하는 대신 사회의 핵심 제도들과 규칙들이 정의롭게 설정되는 방식을 다루려 한다.

롤스는 왜 이처럼 정의 이론의 범위를 한정하는가? ≪정치적 자유주의(Political Liberalism)≫에서 제시되는 이유는 크게 두 가지다. 하나는 다원화된 사회적 상황이며, 다른 하나는 이론적 분업의 필요성이다. 먼저 롤스는 오늘날 사회가 "합당하지만 양립 불가능한 종교적·철학적·도덕적 교설들로 심원하게 나누어진"(Rawls, 1993: xxv) 상태라고 진단한다. 이 상황에서 정의 이론은 합의 불가능한 개별 교설들을 논하는 대신 논의 범위를 사회 구성원으로서 합의해야 하는 정치적 정의관으로 한정할 필요가 있다. 정의 이론의 범위를 한정해야 하는 또 다른 이유는 정의로운 사회적 배경 조건이 개별 행위들만으로는 충분히 보장되지 않기 때문이다. 사회 전반의 정의로운 상태는 개별 규칙들의 준수만이 아니라 사회의 핵심 제도들을 설정하는 방식에 의해 형성된다. 롤스가 사회 규칙들 간 제도적 분업(institutional division of labor)이라고 부르는 이 설정 방식은 정의의 원칙들이 사회의 기본 구조들에 한정되는 이유를 설명한다(Rawls, 1993: 268).

사회구조를 폭넓게 이해하기

영은 정의 이론의 대상과 범위를 사회구조에 한정해 논하는 롤스의 시도를 양가적으로 평가한다. 한편으로 영은 롤스의 구조적 정의관을 옹호하며, 정의 이론은 좋은 삶의 문제와 같은 개별 가치관에 깊이 관여하기보다 "좋은 삶의 가치들이 실현되는 데 필요한 제도적 조건들"에 집중할 필요가 있다고 본다(Young, 2017: 37). 개별 행위와 사회구조를 구분해 다루지 않으면 타인과의 관계 속에서 구성원들이 지배와 박탈에 취약해지는 문제를 제대로 인식하기 어렵다(Young, 2011: 72). 따라서 정의 이론의 주제를 모든 행위 규칙이 아니라 사회구조로 한정하는 롤스의 관점은 적절하며 필수적이다.

다른 한편으로 영은 롤스의 정의 이론이 사회구조 개념을 지나치게 좁게 설정한다는 점에서 한계가 있다고 본다. 롤스의 '기본 구조' 개념은 (비록 그 의미와 범위가 애매모호하지만) 사회의 주요 제도들로 서술된다(Rawls, 1971: 6). 이처럼 일부 제도들로 국한해 이해할 때 사회구조는 지나치게 정적인 방식으로만 설명되며, 그러한 설명은 제도와 개별 행위의 연관 또는 공적 영역과 비공적 영역의 복잡한 연관을 놓치고 만다. 따라서 영은 롤스를 다음과 같이 비판한다.

> 사회구조는 사회의 부분이 아니다. 그것은 전체 사회를 **바라보는 방식**에 관련되거나 이 방식을 통해 가시화된다. 이 방식이란, 사람들 사이의 관계 혹은 그들이 타인에 대해 상대적으로 점유하는 지위 속에서 패턴들을 보는 관점이다.(Young, 2011: 70. 강조는 원문을 따름)

그렇다면 영은 사회구조 개념을 어떻게 확장해 이해하는가? 영은 '사회구조적 과정(social-structural process)'이라는 개념을 사용한다. 이 개념은 사회구조가 고정된 규칙 체계나 제도가 아니라 지속적인 형성과 변동, 재생산 과정 속에 있는 것임을 함의한다. 즉 영은 행위와 구조를 연결해 이해해야 한다고 본다. 이때 영은 사회구조적 과정을 개념적 방식으로 정의하기보다 그것의 몇 가지 중요한 특징을 서술한다(Young, 2011: 53-64). ① 객관적 제약, ② 사회적 지위, ③ 행위를 통한 재생산, ④ 의도하지 않은 결과의 산출이 그것이다.

객관적 제약으로서 사회구조

사회구조는 구성원들의 행위에 객관적이고 물질적인 제약을 가한다(Young, 2011: 55). 행위자에게 이 제약들은 수많은 기존 관행들의 누적된 결과물로서 주어진다. 행위자는 이 관행들을 물질화된 방식으로 직면하며, 이는 모든 행위와 선택에서 외적인 (그리고 거부할 수 없는) 조건으로 전제된다.

A가 집을 구하는 상황을 가정해 보자. A가 아무리 주거 환경이 좋은 집에서 살고 싶더라도, 이미 도심에 형성된 천정부지의 집값은 한정된 예산하에 A가 살 수 있는 집의 범

위를 한정한다. 높은 집값은 사회 구성원들의 수많은 선택과 행위, 결정이 누적된 결과물이다. 다시 말해 정부의 정책뿐 아니라 시장 상황, 문화적 선호 등이 결합한 산물이다. 이러한 조건하에서 사회 구성원들은 거주지 선택의 폭이 제약되는 상황에 처한다.

사회구조가 제약을 가하는 방식은 매우 간접적이고 누적적이다. 물론 법체계가 그러하듯 명시적이고 강제적으로 제약을 가하는 경우(예를 들어 차에 탈 때 벨트를 착용하게 하는 법)도 있겠으나, 대개 구조적 제약 효과는 복수의 요인이 행위자들의 선택 범위를 하나씩 줄여 가며 결합하는 방식으로 작동한다. 영은 구조적 제약을 설명하면서 매릴린 프라이(Marilyn Frye)의 '새장' 비유를 인용한다(Frye, 1993). 철사 하나로는 새가 날아가는 것을 막을 수 없으며 새에게 별다른 방해가 되지 않는다. 하지만 여러 철사가 하나로 결합될 때, 새는 그 안에 갇히게 된다. 마찬가지로 사회구조적 제약은 행위자의 선택 자체를 불가능하게 만들지 않는다. 다만 선택의 폭을 제한할 뿐이다.

사회적 지위를 고려하기

사회구조적 관점은 그저 개인이 처한 제약을 고찰하는 데 머무르지 않고, 개인이 사회적으로 어떤 지위(position)를 갖는지 거시적으로 해명하려 시도한다(Young, 2011: 57). 영은 페터 블라우(Peter Blau), 피에르 부르디외 등의 개념을 빌려 사회구조를 사회적 지위가 다른 지위와 맺는 관계망으로 설명한다. 이처럼 지위에 주목한다는 것은 사회 문제를 고찰할 때 사회 구성원들의 개별 능력이나 취향 등을 살피는 대신 그 문제를 타인과의 조직적 관계 속에서 살펴봄을 의미한다.

이를테면 장애인이 비장애인보다 사회의 거의 모든 영역에서 더 낮은 접근성을 경험하며, 더 낮은 임금을 받는다는 사실은 장애인이 비장애인보다 상대적으로 낮은 지위를 차지함을 보여 준다. 이처럼 사회적 지위를 토대로 사회 불평등 문제를 고찰할 때, 우리는 장애인의 학업 성취 수준이 낮은 문제나 적은 임금을 받는 문제 등이 그저 장애인 개인의 선호나 능력을 살펴보는 것만으로는 해결되기 어렵다는 것을 알게 된다. 이러한 문제들은 각 사회 영역에서 장애인의 지위가 비장애인의 지위와 맺는 관계를 통해 더 구체적으로 고찰되고 해명될 수 있다(장애뿐 아니라 젠더, 인종 등 수많은 사회적 범주에서도 마찬가지다).

요컨대 사회구조적 고찰의 중요한 목적과 기여는 "사람들의 삶에 지대한 영향을 미치고 세대를 거치면서 지속되는 광범위한 구조적 불평등을 확인"하는 것이다(Young,

2011: 58). 이때 개인의 사회적 지위는 사회적 집단의 문제와 분리해 생각할 수 없다.

행위로 생산되는 구조

롤스의 구조 개념에 대한 영의 비판에서 드러나듯, 영은 사회구조가 고정되고 독립된 규칙의 체계로 이해되어서는 안 된다고 본다. 이는 부르디외, 기든스 등 여러 사회학자들이 구조에 대해 취하는 관점이기도 하다. 가령 기든스는 사회구조를 "사회적 체계의 재생산에 회귀적으로 연관되는 규칙이자 자원"으로 규정한다(Giddens, 1979: 64). 구조는 행위에 일정한 제약을 가하지만, 동시에 그 행위를 통해 지속적으로 재생산되는 과정이기도 하다.

이때 행위자들은 특정한 규칙 체계 내에서 행위하며, 규칙을 통해 자신의 행위가 어떤 의미를 띠는지, 앞으로 어떻게 작동할지 등을 예측할 수 있다. 따라서 사회구조는 우리에게 제약을 가하는 규칙일 뿐 아니라 앞으로 행위가 진행되고 지속적으로 이어지기 위한 자원이기도 하다.

이는 차별과 같은 사회구조가 형성되는 과정을 잘 설명한다. 사회적 규칙들은 구성원들의 행위 방식, 속해야 하는 영역 등을 암묵적이지만 매우 세부적으로 규정한다[부르디외는 이를 '아비투스(habitus)'라는 개념으로 설명했다].

가령 사회 구성원에게 부여된 성별은 그들이 걷거나 달리는 방식, 옷이나 머리의 스타일 등을 암묵적으로 규제하며 그들이 해야 할 일까지 지정한다. 이 행위 양식을 벗어난 이들은 비난받거나 쫓겨나며, 그 가치를 제대로 평가받지 못한다.

의도하지 않은 결과

영의 설명에서 사회구조란 "조직되지 않은 채 자신의 기획을 추진하는 수많은 개인들의 행위들이 축적한 결과"를 일컫는다(Young, 2011: 62). 중요한 것은 행위 결과가 참여자 중 어느 누구도 의도하지 않은 방향으로 나타날 수 있으며, 심지어 그 의도와 반대될 수도 있다는 점이다. 예컨대 잘 알려진 '공유지의 비극'은 개인의 행위가 집단적 관점에서는 정반대의 결과를 향해 나아갈 수 있음을 보여 준다.

가령 여러 고소득 국가의 도심에서는 집세가 너무 올라서 수입의 대부분이 주거비로 지출된다. 이런 상황을 국가가 정책적으로 의도하거나 구성원들이 원했던 것은 아니다. 그럼에도 수십만, 수백만 명의 사람들이 도시에서 주거지를 구하고 부동산에 투자하며 임대업이 활성화하는 과정에서 평범한 서민은 감히 엄두조차 내지 못할 만큼 집세가 폭등한다. 개별 구성원들의 거래 과정이 규칙을 모두

준수한 정상적인 것이었다고 해도 말이다.

이는 사회 정의를 논의할 때 개인 층위의 행위 규칙을 정하는 것과 별도의 관점에서 사회구조적 과정을 고찰해야 함을 뜻한다. 개인들이 자신의 관점에서 올바르게, 아무런 문제 없이 행위하더라도 사회 전체적으로는 매우 문제적인 상황이 나타날 수 있기 때문이다. 앞서 보았듯이 롤스는 이러한 문제의식에 토대해 규범에 대한 '제도적 분업'을 제안했다.

지금까지 살펴본 사회구조의 특징들은 우리가 앞으로 사회 부정의 문제를 다룰 때 고려해야 할 사항들이기도 하다. 사회구조적 부정의는 ① 행위자들에게 역사적으로 주어지는 물질적·객관적 제약으로 작동하며, ② 행위자들에게 서로 다른 사회적 지위를 배치하는 방식으로 고찰될 수 있다. ③ 구조적 부정의는 구성원들의 선택·행위와 무관하게 존재하는 것이 아니라 이 행위들 속에서 지속적으로 재생산되며, ④ 행위자들의 개별 의도가 결합해 의도치 않은 결과를 낳는 방식으로 문제를 발생시킨다.

참고문헌

Bedau, H. A.(1978). Social Justice and Social Institutions. *Midwest Studies in Philosophy*, *3*(1), pp. 159–175.

Frye, M.(1993). Oppression. *The Politics of Reality: Essays in Feminist Theory*. Freedom, CA: Crossing Press.

Giddens, A.(1979). *Central Problems in Social Theory: Action, Structure, and Contradiction in Social Analysis*. Berkeley: University of California Press.

Rawls, J.(1971). *A Theory of Justice*. Cambridge, Mass.: Harvard University Press. 황경식 옮김(2003). ≪정의론≫. 이학사.

Rawls, J.(1993). *Political Liberalism*. New York: Columbia University Press.

Young, I. M.(1990). *Justice and the Politics of Difference*. Princeton, NJ: Princeton University Press. 김도균·조국 옮김(2017). ≪차이의 정치와 정의≫. 모티브북.

Young, I. M.(2011). *Responsibility for Justice*. New York: Oxford University Press. 허라금·김양희·천수정 옮김(2018). ≪정의를 위한 정치적 책임≫. 이화여자대학교출판문화원.

03
사회 집단

영의 사회구조적 부정의 규정은 사회 집단 개념과 긴밀하게 연관된다. 영은 구조적 부정의가 사회 집단에게 발생한다고 설명하기 때문이다. 이때 '사회 집단'은 무엇을 의미하는가? 사회 집단 개념은 본질주의적 인간 규정을 넘어설 수 있는가? 이에 대한 영의 답변은 사회문화적 정체성과 사회구조적 관계성 개념에 초점을 맞춘다.

구조적 부정의와 사회 집단

롤스의 정의 이론에서 정의의 당사자는 개인으로 표상된다. ≪정의론≫에서 롤스는 사회계약을 맺는 주체를 "상호 무관심한(mutually disinterested)" 상태에 있는 합리적(rational) 개인들로 이해한다(Rawls, 1971: 12-13). 원자론적 관점을 지닌 개인은 일차적으로 "자신의 이익을 보호"하기 위해 계약 상황에 참여한다.

반면 영에게 사회 부정의의 당사자는 사회 집단(social group)이다. 영은 억압을 "사회 집단에게 생겨나는 현상"으로(Young, 2017: 38), 더 정확히는 "어떤 집단을 무력화하거나 폄훼하는 구조적 현상"으로 지칭한다(Young, 2017: 110). 억압과 지배라는 구조적 부정의를 구체적으로 해명하기 전, 영은 먼저 사회 집단에 대한 철학적 고찰을 시도한다.

영이 사회 집단 개념을 정의 이론에 가져오는 이유는 자유주의적 개인을 전제하는 관점에서는 구조적 부정의를 충분히 살펴볼 수 없기 때문이다(Young, 2001). 롤스와 같이 익명화된 개인을 토대로 정의 문제에 접근하려는 시도는 개인이 언제나 특정한 사회적 관계와 맥락 속에 존재한다는 사실을 외면한다(Young, 2017: 79). 그러한 원자론적 관점은 개인들이 겪는 문제가 정확히 무엇인지 인식할 틀을 상실하며, 그 문제를 사회적 부정의로서도 제기하지 못한다. 가령 어떤 여성 노동자가 성희롱을 당했을 때, 그가 당한 폭력은 개인의 문제로서가 아니라 여성이라는 범주를 토대로 이해될 수 있다. 그래서 영은 "체계적이고 구조적이며 제도적인 과정으로서 억압을 개념화하기 위해" 사회 집단 개념을 도입하고자 한다(Young, 1994: 718).

정체성과 집단

'사회 집단'이란 정확히 무엇인가? 이 질문에 답하기 위해 영은 정치·사회철학에서 사회 집단을 이해하려 할 때 취한 두 가지 전통적 방식을 검토한다. 하나는 개인들이 자발적인 계약·가입을 통해 집단을 형성하는 결사체(association) 모델이며, 다른 하나는 공통 속성을 기반으로 성별·인종 등 집단을 규정하는 집합체(aggregate) 모델이다. 하지만 영이 보기에 이 두 모델 모두 사회적 부정의를 설명하기에는 충분하지 않다.

결사체는 협회·조합 등 개인들이 자발적으로 가입을 요청하면서 이루어지는 집단을 가리킨다. 사회 집단을 결사체로 이해하는 해석은 토머스 홉스(Thomas Hobbes), 존 로크(John Locke), 장자크 루소(Jean-Jacques Rousseau)에서 롤스에 이르는 사회계약론(social contract theory) 전통 깊숙이 자리 잡고 있다. 결사체 모델에서는 자율적으로 행위하는 개인들이 계약을 맺음으로써 국가를 비롯한 공동체들이 뒤따라 생겨난다고 서술된다.

영은 결사체 모델이 개인과 집단의 관계를 유기적인 것으로 설명하지 못한 채 개인을 선행하는 개념으로 상정한다고 지적한다. 결사체 모델에서 집단은 집단보다 먼저 존재하는 개인들의 결정에 의해 생겨난다고 이해된다. 하지만 이는 개인이 결코 사회 집단과 동떨어진 채 존재할 수 없다는 점, 개인은 언제나 사회적 관계 속에서만 존재한다는 점을 간과한다(Young, 2017: 113). 따라서 결사체 모델로 설명될 수 있는 사회 집단은 매우 좁은 범위에 한정될 수밖에 없다.

반면 집합체 모델은 집단이 개인들 사이 공통 속성을 기반으로 규정된다고 본다. 이때 피부색, 신체 기관, 주거 장소, 연령, 소유 재산 등 매우 다양한 속성이 사회 집단의 준거점으로서 규정 기준이 될 수 있다. 따라서 집합체 모델에서 사회 집단은 선택 가능한 기준들 중 하나에 의해 규정될 뿐인, 매우 임의적인 개념으로 간주된다.

영은 집합체 모델 역시 개인과 집단의 관계를 유기적으로 해석하지 못한다고 비판한다. 이 관점에서도 집단은 개인들에 붙어 있는 속성들로 해석된다. 즉 개인이 집단보다 논리적으로 선행하는 존재로 간주되며, 개인이 항상 집단 속에서 구성되는 존재임이 간과된다.

집합체 모델이 놓치는 또 다른 중요한 사실은 사회 집단에의 소속이 객관적으로 고정된 사실이 아니라는 점이다. 가령 인종은 피부색이라는 객관적 사실에 의해 규정되는 것이 아니라 그 사실을 둘러싼 사회문화적 해석의 산물이라는 관점이 오늘날 지배적이다. 19세기 미국에 이민자들이 유입될 때 백인 이민자에게는 피부색뿐 아니라 '정복자로서의' 역사와 충분한 경제력도 요구됐다. 이런 이유로 기근 탓에 미국으로 건너온 아일랜드계 이민자들은 '진정한 백인'으로 취급받지 못했다(Painter, 2022). 더욱이 공통의 속성을 전제하는 집단 규정은 해당 속성을 갖지 못한 존재를 집단에서 배제하는 효과를 발휘한다는 비판도 제기된다(Butler, 1990: 6).

따라서 영은 집단에의 소속을 그저 개별 속성에 따라 정해지는 것으로 보는 대신, 그 집단에 대해 구성원들이 갖는 정체성(identity)의 역할을 강조한다(Young, 2017: 110). 이때 정체성이란 타자와의 연관 속에서 자신을 관계적으로 이해하고, 그 관계를 내적으로 받아들이면서 공동체를 형성함을 의미한다. 즉 영에 따르면 사회 집단은 그저 객관적인 사실로서 (이를테면 특정한 속성의 할당 또는 자발적인 계약 사실로서) 개인에게 주어지는 것이 아니라 개인들이 공통의 경험과 문화적 관점을 공유하는 가운데 개인을 결정적으로 정체화하는 공동체다. 개인이 특정 집단에 대해 갖는 집단 친연성(group affinity)은 그 사람이 어떤 존재인지 설명할 때 매우 중요한 위치를 차지한다. 가령 어떤 사람이 자신을 유색인종으로 정체화하는지 아니면 백인으로 이해하는지는 그가 자발적으로 가입한 조합이 무엇인지, 그가 어떤 색의 피부나 머리카락을 지녔는지와는 다른 의미를 띤다.

사회구조와 집단

이처럼 사회 집단을 설명할 때 정체성 개념을 강조하던 영은(이러한 경향은 ≪차이의 정치와 정의≫까지 두드러진다), 낸시 프레이저(Nancy Fraser)와 일련의 논쟁을 거치면서 사회구조적 과정을 함께 강조하는 방향으로 옮겨 간다. 프레이저는 영의 집단 개념이 사회문화적 집단의 특성만을 주목하며, 그 외의 다른 (계급과 같은 정치경제적 층위의) 집단성을 충분히 포괄하지 못한다고 지적했다(Fraser, 1997: 196). 이는 사회적 부정의를 해명하는 데 제한된 설명력을 갖는다는 비판으로 이어졌다. 부정의는 문화적 억압의 층위에만 존재하는 것이 아니라 정치경제적 구조에서도 생겨나며, 정체성이라는 자기이해에 기반한 사회문화적 집단 개념은 이 정치경제적 부정의를 해명하기에는 적절하지 않다는 것이다.

또한 집단적 정체성에 대한 강조는 동질성의 추구로 향할 수 있다는 위험이 있다. 비록 영은 집단의 형성을 주어진 본질로 이해하는 대신 지속적으로 변화하고 형성되는 것으로 이해함으로써 차이중심적 접근을 취하려 했지만 (Young, 2017: 369), 정체성과 집단 친연성을 집단의 핵심으로 본 탓에 집단 내 다양성과 차이를 충분히 포괄하지 못했다(Lima e Silva & Silva, 2019: 6). 가령 여성으로서 자신을 정체화하지 않거나, 여성 집단에 친연성을 느끼지 않는 개인은 여성 집단과 어떤 관계를 맺는가?

이 비판에 답하면서 영은 사회문화적 집단 유형과 사회구조적 집단(structural social group) 유형을 복합적으로 설명하기 시작한다. 사회문화적 집단이 "문화 형태, 관행, 혹은 삶의 방식을 통해 다른 집단과 구분"(Young, 2017: 111)

되는 집단이라면, 사회구조적 집단이란 "지위나 특권의 위계 속에서 사람들에게 범주적인 구분을 형성하는 상호작용을 통해 관계적으로 형성"(Young, 2009: 363)되는 집단이다. 사회구조적 집단의 집단성 규정에서는 구성원들의 주관적인 정체성보다 그들이 처한 사회적 지위의 네트워크, 그들이 수행하는 관습과 실천으로 이론적 무게중심이 옮겨 간다.

예를 들어 '여성'이라는 사회 집단을 구조적 방식으로 이해하는 관점은 그 집단의 구성원들이 자신을 여성으로 이해하는 주관적 정체화에 초점을 맞추지 않는다. 핵심은 그 집단 구성원들이 공유하는 구조적 제약, 즉 성별 분업하에서 겪는 임금 차별과 이성애적 질서의 규범성 등을 고찰하는 것이다(Young, 1994: 729-730). 그 구조적 제약은 주관적 정체성만으로 규정되지 않는 객관적 성격을 띠지만, 어떤 고정된 사실로 이해되어서도 안 된다. 사회구조적 과정은 매우 유동적인 관계망 속에 있기 때문에 구조적 집단의 성격 역시 매우 가변적이고 모호할 수 있다. 다시 말해 누가 여성으로서 받는 제약을 공유하는지, 그리하여 집단으로서 여성에 속하는지는 집합체 모델의 설명에서와 같이 미리 정해진 사실이 아니다. 오히려 집단의 성격은 구성원들이 서로 교류하면서 겪는 억압과 그로 인해 점하는 사회적 지위 등 복합적 상황 속에서 변동한다. 이는 영이 제시하는 '차이의 정치(politics of difference)'의 비본질주의적 특징이며, 사회 집단과 구조적 부정의의 상호 연관성을 보여 준다.

중요한 것은 영이 사회 집단의 두 규정, 즉 사회문화적 집단성과 사회구조적 집단성을 배제적 방식으로 이해하지 않는다는 점이다. 두 규정 모두 사회 부정의를 해명하는 데 기여한다. 예를 들어 사회문화적 집단성은 유색인종이나 피식민 민족 등 문화적 억압 상황에 처한 소수자들에게 자신들의 정체성을 지키기 위한 근거로 작용한다(Young, 2009: 371). 하지만 집단의 의미가 사회문화적 관점에서만 이해된다면 사회 정의에 대한 설명력이 제한될 수 있다. 영은 이러한 우려를 수용하면서 집단이 사회구조적 층위에서도 설명될 필요가 있다고 본다.

참고문헌

Butler, J.(1990). *Gender Trouble: Feminism and the Subversion of Identity*. New York; London: Routledge.

Fraser, N.(1997). Culture, Political Economy and Difference: On Iris Young's Justice and the Politics of Difference. *Justice Interruptus: Critical Reflections on the "Postsocialist" Condition*. New York: Routledge.

Lima e Silva, G. & Silva, F. G.(2019). Between Experience and Structure: Social Suffering, Collective Identities and Justice in Iris Marion Young. *Digithum, 23*, pp. 1-11.

Painter, N. I.(2010). *The History of White People*. W. W. Norton & Company. 조행복 옮김(2022). ≪백인의 역사≫. 해리북스.

Rawls, J.(1971). *A Theory of Justice*. Cambridge, Mass.: Harvard University Press. 황경식 옮김(2003). ≪정의론≫. 이학사.

Young, I. M.(1990). *Justice and the Politics of Difference*. Princeton, NJ: Princeton University Press. 김도균·조국 옮김(2017). ≪차이의 정치와 정의≫. 모티브북.

Young, I. M.(1994). Gender as Seriality: Thinking about Women as a Social Collective. *Signs: Journal of Women in Culture and Society, 19*(3), pp. 713-738.

Young, I. M.(2001). Equality of Whom?: Social Groups and Judgments of Injustice. *The Journal of Political Philosophy, 9*(1), pp. 1-18.

Young, I. M.(2009). Structural Injustice and the Politics of Difference. In Christiano, T. & Christman, J.(eds.). *Contemporary Debates in Political Philosophy*. Malden, MA: Wiley-Blackwell.

04
억압

영의 정의론은 사회적 부정의를 제기하는 것을 목표로 삼는다. 영의 정의론에서 특히 잘 알려진 부분은 억압의 다섯 가지 모습(착취, 주변화, 무력함, 문화제국주의, 폭력)에 대한 설명이다. 이 설명을 통해 영은 현실에 존재하는 억압의 복합성과 다층성을 드러내고자 하며, 그러한 억압을 해결하려는 시도 역시 다각적 관계망 속에서 이루어져야 한다고 주장한다.

구조적 부정의로서 억압

전통적으로 억압은 왕정이나 독재정하에서 지배자가 인민을 비롯한 피지배자에게 가하는 폭정을 가리켰다. 그렇다면 신분제와 같은 명시적 상하 질서가 사라진 사회에서 이 개념은 여전히 유효한가? 영은 오늘날 억압이 소수 권력자의 강압이라는 전통적 방식으로 작동하는 것이 아니라, 미셸 푸코(Michel Foucault)가 분석했듯 사회 구성원들의 수많은 개별 실천들이 결합해 생겨나는 특정 집단의 구성원들에 대한 차별과 부정의로서 작동한다고 규정한다(Young, 2017: 107). 억압은 특정 지배층의 악한 의도와 결정으로 생겨나는 것이 아니라 사회적 실천과 상징, 규범 체계들 속에서 형성되며, 그러한 의미에서 '구조적'이다. 이 구조적 억압은 특정 범주의 구성원들이 지닌 행위·역량의 강화 가능성을 부당하게 제약하는 방식으로 작동한다.

특정 집단에 대한 구조적 억압이 존재한다고 해서 그에 상응해 억압을 가하는 집단이 반드시 존재하지는 않는다. 억압은 일상생활에 참여하는 구성원들의 무의식적 실천이나 관습 속에서 재생산되기에 어떤 명시적인 억압자 없이도 생겨날 수 있다. 영은 권력 개념에 대한 푸코의 말을 빌려 근대적 권력은 지배자-피지배자 사이 이항관계를 통해

서가 아니라 교육, 관료 행정, 생산·분배, 의료 등의 제도들과 실천들 간 효과로 분석되어야 한다고 서술한다(Young, 2017: 108). 권력과 마찬가지로 사회구조적 억압 역시 다수의 사회 제도와 실천이 결합해 발생하고 재생산된다. 일상에서 억압적 사회구조에 참여하는 구성원들은 자신이 그러한 억압을 낳고 있다는 것을 알기 어렵다.

물론 어떤 억압으로부터 이익이나 혜택을 보는 집단이 존재할 수 있다. 가령 피식민지에 대한 수탈은 제국주의 국가의 구성원들에게 일정한 수혜로 작동한다. 여성에 대한 폭력은 때로 남성의 사회문화적 헤게모니를 강화한다. 단, 수혜자와 억압자를 곧바로 동일한 범주로 이해하면 구조적 억압의 복합성을 제대로 이해하기 어려울 수 있다.

억압의 다섯 가지 모습

영은 억압 상황에 놓인 모든 사회 구성원이 공유하는 근본적이거나 단일한 기준을 제시하려 시도하지는 않는다(Young, 2017: 105). 영이 이러한 시도를 경계하는 이유는 '억압의 근본 문제'를 분석하고 어떤 억압의 해결을 우선시할지 정할 수 있다는 환원주의적 관점을 우려하기 때문이다. 영에 따르면 인과적으로든 도덕적으로든 오늘날 사회 집단들이 경험하는 억압들 중 어떤 것을 더 우선적으로 해결해야 한다고 주장할 수는 없다(Young, 2017: 109). 집단 간 관계는 무척 복잡해서 한 개인이 어떤 집단에서는 억압적 지위를 점하면서 다른 집단의 성원으로서는 특권적 지위를 점할 수도 있다. 영은 이러한 복잡성을 해명하고 진단하기 위해 억압을 단일 범주로 설명하기보다 복수의 관점에서 고찰할 필요가 있다고 주장한다. 이에 따라 억압은 다음 다섯 가지 모습으로 설명된다. 착취(exploitation), 주변화(marginalization), 무력함(powerlessness), 문화제국주의(cultural imperialism), 폭력(violence)이 그것이다.

이들 모습은 상호 배타적 영역으로 제시되지 않는다. 때로 억압은 여러 성격이 중첩된 양상으로, 가령 정치경제적 성격과 사회문화적 성격이 결합한 형태로 나타난다. 따라서 억압의 모습들은 각 집단에 일대일로 대응하는 것이 아니라 집단들이 겪는 사회적 부정의를 포괄적으로 진단하고 비교하기 위한 개념 틀로서 제시된다(Young, 2017: 110).

착취

착취의 핵심은 "한 사회 집단의 노동 산물이 다른 집단에게 이익이 되도록 이전되는 상시적 과정"에 있다(Young,

2017: 124). 착취 문제를 예리하게 분석한 카를 마르크스(Karl Marx)는 다음과 같은 질문에 천착했다. 노동자와 자본가 사이의 (표면적으로는 대등하며 평등한 교환관계로 보이는) 고용관계에서 노동자의 부는 어떻게 체계적으로 자본가에게 이전되는가? 주지하듯 마르크스는 노동가치론을 통해 잉여가치의 전유라는 방식으로 자본이 수행하는 착취를 설명했다.

마르크스주의에서 계급 문제에 국한되었던 착취 개념은 오늘날 인종·젠더 문제 등을 다루는 관점에서 더 폭넓게 활용된다. 가령 페미니즘은 젠더 부정의의 관점에서 성별 간 착취라는 문제를 제기한다(Dalla Costa & James, 1975; Federici, 2012). 주로 여성에게 할당되는 양육과 가사노동은 가정 그리고 사회 전체에서 노동력을 재생산하는 중요한 역할을 한다. 그러나 많은 여성들은 가정 혹은 사회에서 양육과 가사노동에 대한 경제적 대가를 받지 못한 채 부불노동(unpaid labor)을 수행하며, 그에 대한 사회적 인정도 받지 못한다. 즉 성별 간 착취는 물질적 재화뿐 아니라 정서적 활동과 에너지까지 특정 집단에 체계적으로 이전되는 과정으로 이해될 수 있다. 이러한 착취는 상대적으로 남성 집단이 더 폭넓은 자유와 권리, 자기실현을 누릴 수 있는 배경으로 작용한다(Young, 2017: 128).

영의 논의에서 중요한 지점은 착취를 그저 결과적 부의 불평등한 분배 상태가 아니라 사회 집단 간 구조적 관계·과정으로서 문제시하는 것이다. 노동에서 발생하는 착취를 이해하려면 누가 누구를 위해 일하는지, 일(work)의 의미는 무엇인지, 그 결과물을 누가 가져가는지 등 여러 체계적 규칙들과 의미 부여 과정에서 형성되고 재생산되는 권력과 불평등한 관계를 살펴야 한다(Young, 2017: 124). 이러한 구조적 연관들을 무시한 채 착취를 그저 재화의 일시적 분배로만 해결하려는 시도는 실패할 수밖에 없다. 착취를 해결하려면 관련된 의사결정 제도와 노동 분업, 문화적 요소들을 변화시키려 노력해야 한다(Young, 2017: 131).

주변화

어떤 사회 집단이 주변화된다는 것은 그 집단의 구성원들을 "노동 시스템이 사용하지 않거나 사용하지 않게 되는" 상황을 의미한다(Young, 2017: 131). 주변화는 유색인종에게서 착취보다 더 두드러지게 나타나지만, 단지 유색인종에만 국한되지는 않는다. 노동에 적합하지 않다고 판단되는 이들, 가령 노년층, 장애인, 싱글맘과 그 자녀들 역시 주변화될 수 있다. 자본주의 사회에서 주변화된 구성원들은 물질적 궁핍을 겪으며, 의료·교육·정치 등 다른 사회 영역에서도 배제되거나 심지어 절멸(extermination)될 위험에 내몰린다. 따라서 영은 주변화가 억압들 중 가장 위험한 형태일 수 있다고 경고한다(Young, 2017: 132).

후기자본주의 사회의 복지국가 체제는 주변화된 구성원들에게 최저 생계를 유지하기 위한 복지를 제공한다. 그러나 영이 보기에 현대 복지 체제에서 이루어지는 구호 지원은 의존적 상태에 놓인 개인들의 자유와 권리를 쉽게 침해할 뿐 아니라 이들의 역량 계발도 충분히 보장하지 않는다는 문제를 안고 있다.

역사적으로 사회의 '표준적' 시민은 생산 활동에 참여하고 자신(과 그 가족)을 책임질 수 있는 개인을 의미했으며(Tronto, 2013: 81), 자유주의적 평등은 그러한 시민들 사이에서 성립되는 것으로 간주되었다. 생산 활동에 참여하지 못하고 타인 또는 국가나 제도로부터 생계 보조를 지급받는 의존적 존재들(빈민, 여성, 아동, 환자 등)은 온전한 시민의 범주에서 제외된다. 의존적 구성원들은 자유와 권리를 충분히 보장받지 못한 채 복지를 제공하는 행정에 종속되며, 때로 자의적으로 수행되는 가혹하고 모욕적인 처분에 시달린다[켄 로치(Ken Loach) 감독의 2016년 영화 <나, 다니엘 블레이크(I, Daniel Blake)>는 의존 상태에 있는 시민들이 겪는 모욕과 종속을 잘 보여 준다].

또한 주변화된 구성원들은 종종 병원이나 요양 시설 등에 수용된다. 설령 충분한 물질적 자원이 보장되더라도 이들은 타인과 유의미한 관계를 맺을 가능성을 거의 갖지 못한다. 이들에게 주변화는 '쓸모없는 존재'로 간주되고 자존감을 박탈당하는 형태로 발생한다(Young, 2017: 135). 이는 주변화로서의 억압이 경제적 재분배만으로는 해결할 수 없는 사회문화적 인정과 상호작용의 층위를 포함함을 시사한다. 이러한 억압에 대한 해결책은 구성원들의 사회적 참여를 유의미한 수준으로 이끌어 내는 방향으로 제시될 필요가 있다.

무력함

전통적인 마르크스주의 분석에서 억압은 자본가 계급과 노동자 계급 사이 문제였다. 그러나 오늘날 노동 현장에서 억압은 훨씬 다양하고 복잡한 양상으로 진행된다. 영은 무력함 개념을 통해 노동자들 사이에서 발생하는 억압, 즉 전문직 노동(professional labor)과 비전문직 노동(non-professional labor) 사이의 억압을 진단하고자 한다(Young, 2017: 137). 그러한 억압은 크게 세 가지 층위에 걸쳐 있다.

첫째, 역량 계발 면에서 전문직 노동이 갖는 확장성과

발전성이 비전문직 노동자에게는 부재한다. 대학 교육과 전문 기술 습득을 요하는 전문직 노동은 점차 역량과 지위를 발전시키는 방향으로 나아간다. 반면 비전문직 노동은 발전성이 크지 않은 임시적이고 반복적인 업무에 머무르는 경우가 많다. 따라서 비전문직 노동자는 자신의 역량을 성장시키고 인정받을 계기를 찾는 데 어려움을 겪는다.

둘째, 비전문직 노동자들은 직장 생활에서 낮은 수준의 의사결정 권력을 갖는다. 이는 특히 노동 과정에서의 자율성 정도를 통해 확인된다. 전문직 노동자 역시 상급자의 지휘를 받지만, 이들은 설령 하급자라 해도 의사결정과 일정 조정에서 비교적 높은 자율성을 누린다. 반면 비전문직 노동자들은 전문직-상급자의 지시와 권위에 강하게 종속된다. 이는 직장에서뿐 아니라 고객과의 관계에서도 마찬가지다. 비전문직 노동자들은 고객을 응대할 때 재량껏 판단하기보다는 주어진 매뉴얼을 수행하도록 요구받는다.

셋째, 비전문직 노동자들은 사회적으로 더욱 무시당하는 상태에 놓인다. 교수나 변호사, 의사 등 전문직의 발화와 행위 양식을 '품위 있는(respectable)' 것으로 간주하는 분위기에서 전문직 노동자들의 발화는 상대적으로 더 경청되고 영향력을 갖는다. 식당·은행·호텔 등에서도 전문직 노동자들은 잘 대접받지만, 노동자들은 자신이 '품위 있는' 행위 양식을 지녔음을 증명해야 한다.

영은 이처럼 비전문직 노동자들이 역량 계발, 의사결정 권력, 사회적 존중 면에서 전문직 노동자보다 낮은 지위를 점하는 무력함 문제를 단순한 불균등 분배가 아니라 노동 분업으로부터 발생하는 문제로 진단한다(Young, 2017: 139). 즉 누가 노동을 직접 수행하는지와 누가 노동을 기획하는지가 구분되어 온 역사적 맥락에서 무력함이라는 부정의가 심화해 왔다는 것이다.

문화제국주의

전술한 억압 유형들이 노동 분업과 깊게 연관된 문제였다면, 문화제국주의는 사회문화적 억압의 성격이 더 강하다. 영은 문화제국주의를 "사회의 지배적 의미들이 특정 개인이 소속된 집단에 상투적 관념을 부여하여 타자라는 표지를 붙이는" 동시에 "그 집단이 갖는 특수한 관점을 보이지 않게" 하는 문제로 진단한다(Young, 2017: 141). 즉 문화제국주의의 핵심은 사회의 주류 집단이 취하는 문화적 해석 방식이 보편적인 것으로 간주되면서 소수자 집단의 경험·관점·해석 모두가 부차적인 것으로 타자화된다는 데 있다. 가령 철학에서는 오랫동안 남성이 '인간' 표준으로 설정되었으며, 여성은 남성성이 결여된 존재로, 즉 남성의 타자로 이해되었다(Beauvoir, 2011). 이러한 타자화는 백인-유색인종, 이성애자-동성애자 등 여러 관계에서 유사하게 나타난다. 소수자 집단이 지닌 차이는 주류 집단의 표준성을 '결핍'한 상태로만 서술되어 왔다.

아울러 타자화는 고정관념이 부여되는 방식으로도 작동한다(Young, 2017: 143). 소수자들은 고정관념 속에서 자신의 고유한 개별성과 차이를 인정받지 못한 채 비가시화된다. 고정관념을 거부하는 것 역시 그리 간단한 일은 아니다. 고정관념은 사회 전반에 자리 잡은, 일반적이고 당연한 것으로 간주되는 해석이다. 따라서 영은 소수자들이 지배적 문화로부터 부여받은 이미지를 어느 정도 내재화하고 그로부터 자기 자신을 바라보는 이중의식(double consciousness) 상태에 놓인다고 진단한다. 가령 여성의 본성을 감성적이고 관계적인 것으로 규정하는 고정관념은 여성이 육아를 비롯한 돌봄에 적합하다고 해석하며 여성을 특정한 범위(사적 영역)에 위치시킨다. 이로써 가정 바깥의 직장인 여성들조차 '좋은 엄마'라는 관념을 내재화하며, 가정주부-엄마로서 역할을 충실히 수행하지 못한다는 죄책감에 시달리곤 한다.

영은 소수 집단에게 고유한 관점을 허용하지 않는 데서 오는 비가시화 그리고 주류 집단과의 대비에서 생겨나는 맹목적 타자화라는 역설적 상태를 문화제국주의의 특징으로 간주한다(Young, 2017: 145). 이로써 억압받는 집단의 문화가 표현될 길이 막히고 지배 집단의 경험과 해석만이 일방적으로 부과되는 상태가 문화제국주의의 부정의로 이해될 수 있다.

폭력

기존 정의 이론에서 폭력은 진지한 주제로 다루어지지 않았다. 영은 이러한 무관심이 폭력을 개별 사례로만 이해할 뿐 그 사회적 맥락을 체계적으로 고찰하지 않은 데 기인한다고 본다. 다시 말해 영이 부정의로서 살펴보는 폭력은 특정 집단에 가해지는 체계적 폭력(systematic violence)의 문제다(Young, 2017: 146). 폭력이 체계적이라는 것은 폭력을 가능하게 하고 받아들일 만한 것으로 만드는 특정한 사회적 환경이 존재함을 의미한다. 이를테면 어떤 집단(여성, 유색인종, 성소수자 등)의 정체성을 이유로 폭력이 행해지거나 언제든지 그러한 공격이 가해질 수 있다는 위협이 제기될 때, 폭력은 사회적 실천으로 이해될 수 있다.

사회적 맥락에서 폭력을 이해한다는 것은 폭력이 발생하는 사회문화적 토양과 제도적 환경을 함께 설명함을 뜻한다. 폭력을 가하는 이들은 그저 개인적인 일탈 행위를 수행하는 것이 아니라 사회적 해석 틀을 따른다. 사회적 약자들에게 폭력을 가하는 상상이 마음껏 공유되고 심지어 조장되는 문화에서 소수자들이 겪는 폭력은 그저 개별적인 것이 아니다. 또한 제도적으로도 폭력을 사소한 문제로 간주하며 약한 처벌만을 내리거나 아예 처벌 자체를 내리지 않는 상황은 사회가 폭력을 용인한다는 암묵적 신호가 된다(Young, 2017: 150).

영의 관점에 따라 폭력을 이해하면 폭력이 문화제국주의와 매우 강하게 연결되어 있음을 알 수 있다. 때로 소수 집단을 피해자로 만들려는 지배 집단의 권력의지 자체가 폭력의 동기로 작동하기도 하며, 소수 집단에 대한 공포나 증오 등 비합리적 감정들이 폭력의 기저에 깔리기도 한다(Young, 2017: 150). 이처럼 특정 집단 정체성을 경멸하고 무시하며 혐오하는 폭력의 작동 방식은 집단에 대한 사회문화적 이해와 폭력의 연관성을 보여 준다.

더 나아가 영은 폭력 역시 분배적 정의관으로는 이해하거나 해결하기 어려운 억압임을 지적한다. 폭력은 분배적 불평등 문제만으로 파악될 수 없다. 사회 집단들 간 지위의 격차, 폭력을 부추기거나 관용하는 사회적 실천 등을 이해해야 폭력의 억압적 성격을 온전히 진단할 수 있다.

참고문헌

Beauvoir, S. de(2011). *The Second Sex.* Borde, C. & Malovany-Chevallier, S.(trans.). NY: Vintage Books.

Dalla Costa, M. & James, S.(1975). *The Power of Women and the Subversion of the Community.* Falling Wall Press.

Federici, S.(2012). *Revolution at Point Zero.* PM Press.

Tronto, J.(2013). *Caring Democracy: Markets, Equality, and Justice.* New York University Press.

Young, I. M.(1990). *Justice and the Politics of Difference.* Princeton, NJ: Princeton University Press. 김도균·조국 옮김(2017). ≪차이의 정치와 정의≫. 모티브북.

05
지배

구조적 부정의로서 지배란 민주적 자기결정 능력의 제약을 의미한다. 자신의 의사를 반영하기 위한 의사결정 통로가 체계적으로 막히거나 방해받는 상황을 곧 지배라고 볼 수 있다. 특히 영이 주목하는 것은 오늘날 복지국가하에서 이루어지는 탈성지화 그리고 관료제에 의한 행정적 통제다. 이는 시민들의 참여 능력을 약화하고 공론 영역을 무력화한다.

구조적 부정의로서 지배

민주주의 사회의 구성원들은 자신의 행위와 삶의 조건을 결정하는 데 참여할 권리를 갖는다. 가령 어느 시골 마을 옆에 거대한 오염물질 처리시설이 생긴다고 가정해 보자. 이 시설은 주민들의 삶에 매우 큰 영향을 미칠 것이다. 따라서 그 결정 과정에는 마을 주민들의 의사가 충분히 수용되어야 할 것이다. 하지만 정부나 자본이 주민들의 요구를 왜곡하거나 이들이 공론장에 나오지 못하도록 방해한다면, 또는 시골 지역 구성원의 이익을 경시하는 사회문화적 풍조가 존재한다면, 이들의 입장이 충분히 반영될 수 있을까? 지배란 이처럼 구성원들의 자기결정을 구조적으로 저해하는 제약을 의미한다(Young, 2017: 99).

지배는 여러 가지 방식으로 드러난다. 대표적으로 미국의 일부 주들은 유색인종을 비롯한 소수 집단이 투표하기 어렵게끔 그들이 거주하는 지역의 투표소 개수를 줄이거나, 유권자 등록 자체를 복잡하고 번거롭게 만들어 포기하게 하기도 한다(Young, 2020: 88). 투표 억압(voter suppression)이라고 불리는 이 문제는 인종차별의 역사와 맞닿아 있는 뿌리 깊은 지배의 유형 중 하나다. 또한 돈이나 권력을 지닌 이들이 자신의 의사를 반영하기 위해 사적으로 의제 설정을 시도하고, 의사결정 과정을 자신의 이익 추구 과정으로 변질시키는 경우도 있다(Young, 2020: 89). 그 과정에서 여성이나 유색인종, 이주민, 농민 등 소수자 집단들은 자신의 의견을 반영할 통로를 잃는다. 그 결과 이들의 입장은 대부분 배제된다.

영이 지배를 부정의로 이해한다는 것은 공론장에의 참여와 이를 통한 의사결정 과정, 다시 말해 민주주의의 작동을 사회 정의의 중요한 내재적 요소로 이해함을 뜻한다. 민주주의 국가들은 지배의 문제를 개선하기 위한, 즉 민주적 의사결정 과정에서 배제되는 구성원들을 더 많이 포용하기 위한 다양한 시도들을 해 왔다. 이를테면 투표 절차를 간소화하거나, 투표일에도 노동해야 하는 이들의 선거권을 보장하기 위해 우편·사전투표를 도입하거나, 선거자금·로비를 규제하는 제도를 마련하고 개선해 왔다. 하지만 영이 지배에 관해 특히 경고하는 것은 이러한 개별 제도들로는 해결할 수 없는, 오늘날 복지자본주의 체제가 갖는 근본적인 탈정치화 문제다.

복지자본주의와 탈정치화

제2차 세계대전 이후 일반적으로 자리 잡은 복지자본주의 체제는 분명 기존 자유방임적 자유주의 사회보다 진일보한 면이 있다. 영은 이를 세 가지 지점으로 정리한다. 첫째, 복지자본주의하에서는 공동 복지의 최대화를 위해 경제 활동에 대한 사회적 규제가 이루어진다. 둘째, 구성원들의 기본적 필요를 충족하도록 사회에 요구할 권리가 인정된다. 셋째, 관료제적 행정 체계가 마련되어 형식적 평등이 어느 정도 실현된다(Young, 2017: 161-166).

그러나 경제 활동 영역을 공적으로 규제하고 시민들의 필요에 따른 분배에 집중하는 과정에서 공공정책은 점차 자원 분배라는 쟁점에 한정된다. 공적 영역의 역할은 구성원들이 속한 생산·의사결정의 권력관계에 대한 고찰보다는 경제 성장 촉진과 이로부터 나오는 부산물의 배분에 맞춰진다. 국가가 이미 주어진 권력과 소유 구조 내에서만 작동하는 것이 당연시되며, 나아가 사회의 구성원들 역시 정치적 의제를 제기하는 시민으로서의 정체성보다 고객-소비자로서의 정체성을 더 강하게 체화한다. 하버마스를 비롯한 비판이론가들이 일찍이 지적했듯이 복지국가 자본주의에서 구성원들의 주된 관심은 제공받는 재화와 서비스를 향하며, 정치적 주제에의 참여 또는 저항이라는 과제는 부차적인 것이 된다(Habermas, 2006: 539; Young, 2017: 168).

비판이론의 이러한 지적은 한나 아렌트의 주장과 같이 공적 영역이 소위 '먹고사는' 문제, 즉 경제적 논의를 포함한다는 점 자체를 문제시하지는 않는다(Arendt, 1958). 영은 복지자본주의가 분명 기존 자본주의보다 진일보한 면이 있으며, 정치가 기업을 비롯한 사적 영역을 규제할 필요가 있다는 관점을 취한다. 문제는 시민들이 수혜자적 관점에서만 자기규정을 하게 되면서 정치적 참여의 내용이 점차 사라진다는 데, 그리하여 시민들의 의사결정 과정이 단순해지고 빈약해진다는 데 있다.

분배 문제에 모든 의제가 집중될 때 갈등은 어떻게 해결되는가? 분배적 관점에서 이 갈등의 가능성은 '이익집단 다원주의(interest-group pluralism)'적 접근을 통해 다루어진다(Young, 2017: 169). 개별 이익을 추구하는 당사자들은 이익 실현을 위해 입법자와 정부 관료에게 로비를 하거나, 다른 집단들과 경쟁·연합하며 협상하는 과정을 거친다. 이익집단 다원주의에 따르면 국가 정책과 자원의 분배는 집단들 간 협상의 결과물이다.

이렇게 의사결정 과정을 이해하는 것의 문제는, 정치적

주제들에서 공적(public) 성격이 모두 사라진다는 점에 있다(Young, 2017: 171). 이익집단 다원주의의 관점에서 보면 여성이나 유색인종 등 소수자들의 권리를 보호하고 평등을 추구하는 과정은 특정 기업이나 주주의 이익을 보호하는 것과 차이가 없다. 모든 결정은 사적 이익을 실현하기 위한 이기적인 것에 머무르며, 사회 구성원들의 일반적 가치와 권리가 보장되는 전망은 사라진다. 이처럼 모든 관점이 자기 이익에 대한 주장으로만 해석되고 추구되는 순간 공적 영역에서 이루어지는 토론과 숙의, 상호 이해를 추구하는 과정은 불가능해지며 대화란 그저 파편적인 것으로 전락한다.

우리가 분배되는 자원의 양뿐 아니라 분배 구조, 즉 가치에 대한 해석들, 기본 가정들, 분배 패턴들을 문제시하려면 이익집단 다원주의보다 훨씬 포괄적인 민주주의적 이해가 필요하다. 그러한 이해는 민주적 의사결정에 폭넓은 참여와 대화 속에서 숙고가 이루어지는 숙의민주주의적 관점으로 나아갈 것을 요구한다.

행정적으로 관리되는 사회와 지배

19~20세기를 거치면서 행정 체계의 지배적 메커니즘으로

자리 잡은 관료제(bureaucracy)는 도입 당시 전통적인 신분 중심적 통치 체제를 대체하는 획기적 제도로 간주되었다(Young, 2017: 178). 규칙에 따라 세분화되고 표준화된 형식의 행정을 제공하는 관료제는 통치자들의 자의적이고 일관성 없는 통치보다 훨씬 진보적이고 세련된 통치 방식이었다.

하지만 관료제의 확산은 시민들을 의사결정 과정으로부터 분리했고, 규범적 판단 과정을 축소해 왔다. 관료적 행정 체계 속에서 주어진 규칙들을 의문 없이 따르는 데 치중하면서, 시민 사회는 어떤 행동과 그것을 둘러싼 규칙들이 옳은지에 대한 물음 자체를 상실한다. 하버마스의 말을 빌리자면, 공론 영역의 "자발적 의견형성 및 의지형성 과정이 관료제에 의해 장악되고 건조화"(Habermas, 2006: 504)하는 상황에서 시민들의 공론장 참여와 그 기능은 무력화된다. 이는 시민들이 자신의 행동과 그 조건을 결정하는 데 아무런 역할도 하지 못하는 새로운 유형의 부정의, 즉 관료제적 지배 상태가 나타남을 의미한다.

관료제 사회의 시민들은 관료 체제가 내리는 행정적 지시에 거의 일방적으로 종속된다. 설령 구성원들이 일말의 자율성을 누리더라도 그 자율성이란 오직 행정 서비스 고객이자 소비자라는 지위에서 나오는 것에 불과하다(가령 고객이 그러하듯이 서비스의 불편함을 지적하고 수정을 요구하는 데 그친다). 구성원들은 자신이 따를 규칙을 수립하거나 그것에 영향을 미치지 못하며, 주어진 위계질서를 따르기만을 기대받는다. 이 형식적 규칙들이 정말로 공정한지, 소수자들의 이익과 권리를 충실히 보호하는지에 대한 물음은 묻힌 채로 남는다.

보편주의·형식주의적 이념을 내건 관료제의 작동 과정에서 행정 규칙들은 공정하게만 적용되는 것이 아니라 종종 매우 자의적인 방식으로 작동한다(Young, 2017: 182). 관료 조직은 자원을 배분하거나 규칙을 해석할 때 구성원의 개인적이고 주관적인 결정을 필요로 한다. 어떤 개별 사례가 해당 규칙에 포함되는가? 당사자들 중 누구에게 더 우선권을 줘야 하는가? 이러한 질문들에 직면하는 관료들의 해석과 선택은 때로 특수하거나 편향적인 요소를 포함한다. 그러나 이에 문제를 제기하기란 그리 간단하지 않다. 정책 결정이 비밀리에 이루어진다는 관료제 사회의 비민주적 특성은 외부의 감시와 비판을 매우 어렵게 만든다. 특히 복지 서비스와 보조금 등을 받아 생활해야 하는 비자립적 시민들은 관료제의 자의적 통제와 지배에 더욱 취약하다. 의존적 상태에 있는 시민들은 행정기관으로부터 모욕적 대우나 자의적 처분을 받더라도 권력 격차 탓에 이를 문제시하기 어려우며, 처분에 고분고분 따르는 경향이 있다.

이러한 지배와 탈정치화는 "대다수 사람들이 누리는 물질적 안락함에 따르는 대가"로 간주되며(Young, 2017: 184), 오늘날 그에 저항하거나 그것을 문제 삼기란 점점 더 어려워지는 듯하다. 그러나 복지자본주의 사회에서 지배에 대한 저항은 지속적으로 그리고 다양한 유형으로 나타난다.

반란: 공적 영역을 정치화하기

복지자본주의 사회에서 공적 참여가 위축되고 행정 관료들에 의한 지배가 확산할 때, 그러한 경향을 비판하며 다시 공적 영역에서 정치적 토론과 활동을 되살리려는 시도들이 등장해 왔다. 영은 월저가 '반란(insurgency)'이라고 명명한 이 시도들을 주목하고 분석한다. '신사회운동'이라 불리는 이 반란은 국가 권력을 장악하거나 정권을 전복하는 등 과격한 목표를 지향하지 않는다. 그 목표는 상품화와 관료화라는 복지자본주의 사회의 메커니즘을 밀어내는 데 있다(Young, 2017: 188). 국가와 기업의 영향력을 공적 영역에서 제한함으로써 복지자본주의 사회에서 대안적 제도와 실천을 고민하는 것이 신사회운동의 과제이자 지향이다. 이로써 시민 사회의 확장과 사회적 자유의 확충이 이루어진다.

신사회운동의 저항에서 관건은 복지와 기업의 서비스를 그저 양적으로 확장하는 것이 아니라, 공적 영역에서 시민들의 의사결정 권력과 정치적 참여를 확장하는 것이다. 영은 반란으로서 저항 운동을 크게 세 유형으로 구분한다(Young, 2017: 191). 먼저 의사결정 구조에 참여해 자신의 의사를 표출·반영하고, 중요 정책 결정이 밀실에서 공직자와 관료 조직 그리고 기업들을 중심으로 이루어지던 관행에 제동을 걸려는 운동이 있다. 또한 사회 구성원들 사이에 자조(self-help) 조직을 설립해 여성·소수인종 등 취약 계층에게 필요한 서비스를 제공하려는 운동도 있다. 이는 국가 관료 조직의 행정적 복지 영역을 벗어나 복지를 자율적 사회운동으로 이해하려는 관점을 함의한다. 마지막으로 문화적 관행과 실천들을 정치적으로 재해석해, 물질적 필요를 충족하는 서비스가 제공될 때 무시되어 온 사회적 지배와 억압의 문제를 전면에 내세우고 개선하려 시도하는 운동이 있다.

영은 이익집단들 간 분배 논리를 넘어서는 사회 참여적 운동들에서 오늘날 광범하게 확산된 관료적·시장적 지배를 막아 낼 가능성을 발견한다. 물론 현대 정치사에서 자주 발견되듯 이들 운동은 이익집단 체제로 흡수되었다가 다시 새롭게 등장하기를 반복하는 경향이 있지만(Young, 2017: 204), 그럼에도 의사결정 과정을 민주화하려는 시도는 기성 제도와의 정치적 투쟁과 갈등 속에서 오늘날 사회정의의 가장 중요한 의제를 보여 주고 있다.

참고문헌

Arendt, H.(1958). *The Human Condition*. Chicago: University of Chicago Press.

Habermas, J.(1981). *Theorie des kommunikativen Handelns*. Frankfurt am Main: Suhrkamp. 장춘익 옮김(2006). ≪의사소통행위이론 2≫. 나남.

Young, I. M.(1990). *Justice and the Politics of Difference*. Princeton, NJ: Princeton University Press. 김도균·조국 옮김(2017). ≪차이의 정치와 정의≫. 모티브북.

Young, I. M.(2000). *Inclusion and Democracy*. New York: Oxford University Press. 김희강·나상원 옮김(2020). ≪포용과 민주주의≫. 박영사.

06
불편부당성의 환상

영은 보편성을 강조하는 정치철학과 도덕철학에 구성원들 간 차이를 무시하는 동일성의 논리가 깔려 있다고 지적한다. 이 논리로 인해 철학은 특정한 집단·영역을 배제해왔다는 것이다. 영은 불편부당성 대신 구성원들의 차이를 진지하게 고려하고 포함하는 정의 이론을 전개할 것을 주장한다. 그러나 이와 동시에 차이에 대한 강조는 구성원들에게 협소한 자기이해에 매몰되는 대신 소통 과정을 통해 새로운 공적 영역과 공중을 구성할 것을 요청한다.

불편부당성이라는 이상과 동일성 논리

근대 윤리학과 자유주의 정치철학은 특정한(partial) 입장에 치우치지 않는 '불편부당성(impartiality)'을 판단 기준으로 삼는다. 이는 규범적 판단을 할 때 구성원이 처한 상황과 맥락, 그 개인의 감정·욕망·재능과 같은 개별적이고 특수한 내용을 모두 삭제하고 보편적이며 객관적인 입장을 취해야 한다는 주장을 함의한다. 불편부당성에 대한 이러한 요구는 이마누엘 칸트(Immanuel Kant)의 도덕철학에서 감정이나 욕구 등 모든 경향성(Neigung)에서 벗어나 도덕적 행위가 오직 의무에 따르려는 선의지에 의해서만 규정될 때(Kant, 2005: 87), 롤스의 정의론에서 개인이 자신의 개별 맥락과 상황에 대한 '무지의 베일(veil of ignorance)'을 쓰고 정의 원칙을 선택한다고 설명될 때(Rawls, 1971), 하버마스의 담론윤리학(discourse ethics)에서 구성원들이 자신의 개별 맥락과 이익을 초월해 '일반화된 관점'을 취하도록 요구받을 때(Habermas, 1994: 24) 공히 나타난다.

영은 불편부당성에 대한 요구가 각 구성원의 맥락과 차이를 무시하는 '동일성 논리(logic of identity)'에 기반한다고 지적한다(Young, 2017: 220). 아도르노가 제시한 동일성 논리 개념은 대상들 간 차이를 제거하거나 부정하고 모든 요소에 내재한 공통성을 발견하려는 시도를 의미한다(Adorno & Horkheimer, 1987). 이러한 논리하에서 합리성은 대상들의 통일적 원리를 발견해 모든 요소를 아우르는 총체적 체계를 세우려 시도한다. 철학은 동일성을 추구함으로써 대상을 파악하고, 예측 불가능성을 통제하며, 궁극적으로 타자성을 제거하고자 한다.

그러나 모든 차이를 제거하려 하는 동일성의 논리는 궁극적으로 난관에 직면한다. 개별 특수성을 보편적 범주에 포함하려는 시도는 동일성과 차이의 구분, 보편적 범주의 안과 밖이라는 구분 속에서 작동하기 때문이다. 동일성 추구는 결국 통일적이지 않은 무언가를 배제함으로써 가능해진다(Young, 2017: 224). 이러한 구분과 배제는 보편과 특수, 이성과 감성, 공적 영역과 사적 영역을 구분하는 방식으로 기술된다. 그리고 이 구분은 다시 불편부당성이라는 이상 속에서 본질과 우연, 좋음과 나쁨, 정상과 비정상이라는 이분법적 대립 관계와 결합하면서 특수성과 차이를 모두 사상(捨象)한다.

규범적 이론에서 불편부당성에 대한 요구는 특히 단일하고 초월적인 주체를 상정하는 방식으로 나타난다. 주체는 도덕적 문제를 객관적이고 공정하게 판단하기 위해 감각·감정을 비롯한 육체성을 탈각하도록 요구받는다. 판단은 모든 인간에게 공통적으로 내장된 이성에 따라 내려질 경우에만 불편부당할 수 있기 때문이다. 이는 사회 문제에서 구성원들이 처한 다양한 맥락과 차이들을 벗어난 단일 주체를 추구하는 결과로 이어진다. 불편부당한 관점을 취하는 주체는 모든 개별 특수성을 넘어서거나 그것들을 일반적 관점으로 총체화할 수 있어야 한다.

불편부당성과 그 한계

불편부당성에 대한 요청은 단일한 초월적 주체를 상정하면서 현실 당사자들의 다원적 성격을 배제하는 독백적(monological) 성격을 띠게 된다. 구성원들의 다양한 이해관계, 문화적 배경, 의견과 욕구는 무시되거나 하나의 관점으로 규합될 수 있다고 간주된다. 이로써 도덕적 주체들의 복수성과 다원성이 진지하게 고려되지 못한다.

이를테면 롤스의 계약적 상황('원초적 상황')에서 모든 구성원은 자신의 재능이나 선호, 배경 조건에 대해 거의 알지 못하는 상태, 즉 무지의 베일을 쓴 상태에 있다고 가정된다. 이 때문에 정의의 원칙들을 선택하는 복수의 시민들은 사실상 동일한 보편적 입장을 지닌 개인으로서 계약을 체결한다. 물론 롤스는 다원성 문제를 진지하게 고려하고, 이후 ≪정치적 자유주의≫에서는 '합당한 다원주의의 사실'을 명시적으로 받아들이며 논의를 시작한다. 그러나 이때 롤스의 핵심 주제는 모든 시민이 동의하는 '정치적 정의관'이지, 각 구성원이 차이를 갖는 '포괄적 교설'이 아니다.

하버마스의 담론 이론은 롤스의 정의론이 지닌 독백적 성격을 비판하며 관련된 당사자들이 실제로 담론 상황을 진행해야 한다고 주장한다. 이때 당사자들은 외부의 강제, 사회적 지위 등이 미치는 영향으로부터 자유로운 상태에서 상호 이해와 동의를 추구한다. 이러한 상호 주관적 관점은 주체의 다원성을 고려한다는 점에서 분명 롤스보다 한 발짝 더 나아갔다. 그러나 하버마스가 추구하는 상호 이해와 동의는 '일반화 가능한 이익(generalizable interest)'을 지향하며, 이 지점에서 개별자들의 맥락과 특수성을 초월하도록 요구한다.

개별 맥락을 거부하며 인간 주체의 복수성을 부정하거나 진지하게 고려하지 않는 불편부당성 개념의 궁극적 한계는 그것이 전적으로 비현실적이며 실현 불가능하다는 데 있다(Young, 2017: 233). 살아 있는 인간 존재는 모든 주체의 관점을 통일적으로 바라보거나 그 어디에도 속하지 않는 관점을 취할 수 없다. 인간은 언제나 특정한 위치에서 역사와 경험을 통해 맥락적으로 존재하기 때문이다.

더욱이 규범적 판단이 완전한 객관성과 공정성이라는 이념에 사로잡혀 그것을 추구할 때, 이는 특정한 구성원이나 활동을 배제하거나 폄하하는 결과로 이어진다. 특히 이 지점에서 '모든 구성원의 관점'으로 간주되는 공적 영역과 개별 특수성의 활동 영역인 사적 영역 사이 대비가 두드러진다. 공적(보편적)인 것으로 간주될 수 없는 사적 영역은 공적 영역으로의 진출에서 배제되거나 무가치한 것으로 폄하된다. 여성, 유색인종, 무산자(無産者)에게 공적 영역에의 참여를 허용하지 않는 (심지어 최근에도 종종 발견되는) 규칙이나 사회문화는 공적 영역이 특정한 시민 모델과 어떻게 결합되어 있는지 매우 잘 보여 준다.

차이의 정치와 민주주의

영은 우리가 타자성과 복수성이라는 주제를 규범적 판단 안에 진지하게 받아들이려 시도할 때 불편부당성 이념을 포기해야 한다고 주장한다(Young, 2017: 237). 통일적이고 일반화된 시민이라는 관념 대신 이질적이고 개별적인 맥락을 지닌 구성원이라는 관념을 규범적 고려에 진지하게 포함해야 한다는 것이다.

그러나 구성원들의 차이를 강조하는 서술이 모든 개별 당사자의 이해관계만을 주장하는 관점으로 이해되어서는 안 된다. 이익집단 다원주의가 시도하듯 차이에 대한 해석을 정치적 참여에서 오직 자신의 사적 이익만을 극대화하려는 시도로 이해하면 민주주의는 그 규범적 성격을 잃게 된다. 이익집단 다원주의의 해석에서 모든 규범적 주장은 정의와 가치에 대한 것이 아니라 더 많은 자원 분배를 위한 다툼에 그치고 만다. 이런 맥락에서 영은 개별자들의 특수성을 포기하지 않으면서 공적 영역에서 상호작용하는 비융합적 소통을 지향한다.

차이의 정치가 제기하는 이러한 양가적 문제는 민주주의와 관련해 구체적으로 무엇을 의미하는가? 불편부당성에 기반해 공적 영역을 이해하는 방식을 그대로 도입하는 실천철학은 필연적으로 배제와 억압의 논리로 흘러간다. 그러나 이익집단 다원주의의 사례에서 드러나듯 공적 관점을 완전히 포기한 사적 이익 추구는 정의 이론의 기반을 무너뜨린다. 따라서 영은 공적 영역/사적 영역의 구분 자체를 거부하기란 불가능하다고 보며, 공적 영역을 새롭게 이해할 필요가 있다고 본다(Young, 2017: 263). 구성원들과 모든 사회적 실천은 언제나 공적 영역으로 자유롭게 나아갈 수 있어야 하며, 이를 위해 특정한 시민 공중을 선험적으로 설정하거나 배제하는 시도를 거부해야 한다.

이렇게 재구성된 공론 영역은 상이한 각 집단·계층의 입장을 표출하고 적극적으로 포용하는 영역이 되어야 한다. 차이의 정치는 민주적 공론장에의 참여를 통해 적극적으로 억압과 지배의 문제를 호소하는 과정을 요구한다. 이 지점에서 영은 '동질적이지 않은 시민 공중(heterogenous public)'이라는 이상을 토대로 구성원들 각각의 차이가 승인되며 존중받는 상황을 구상한다. 이러한 포용적 민주주의는 구성원들 간 차이를 불화와 갈등의 요소가 아니라 서로 대화하고 더 많은 역동성을 만들어 낼 수 있게 하는 자원으로 이해한다.

영의 주장은 민주주의와 차이의 연관 속에서 더욱 상술될 필요가 있다. 불편부당성을 강조해 온 정치철학과 달리, 영은 어떻게 차이의 정치를 민주주의 안으로 끌어들이는가? 민주적 공론장에 더 많은 차이들을 적극적으로 포함하기 위해 어떤 방법과 근거를 제시하는가?

참고문헌

Adorno, T. & Horkheimer, M.(1987). Dialektik der Aufklärung. Philosophische Fragmente. In *Max Horkheimer: Gesammelte Schriften. Band 5.* Frankfurt am Main: Fischer.

Habermas, J.(1991). *Erläuterung zur Diskursethik.* Frankfurt am Main: Suhrkamp. Cronin, C.(trans.)(1994). *Justification and Application.* Cambridge, Mass.: MIT Press.

Kant, I.(1785). *Grundlegung zur Metaphysik der Sitten.* Verlag Johann Friedrich Hartknoch. 백종현 옮김(2005). ≪윤리형이상학 정초≫. 아카넷.

Rawls, J.(1971). *A Theory of Justice.* Cambridge, Mass.: Harvard University Press. 황경식 옮김(2003). ≪정의론≫. 이학사.

Rawls, J.(1993). *Political Liberalism.* New York: Columbia University Press.

Young, I. M.(1990). *Justice and the Politics of Difference.* Princeton, NJ: Princeton University Press. 김도균·조국 옮김(2017). ≪차이의 정치와 정의≫. 모티브북.

07

포용적 민주주의

지배에 대한 문제 제기에서 드러나듯, 영은 사회 정의에서 민주주의가 매우 본실석인 시위를 점한다고 본다. 영은 기존 선호집합적 민주주의의 한계를 넘어서기 위한 선택지로 숙의민주주의를 지향하며, 숙의 과정을 통해 시민들의 경험과 차이가 적극 공유되기를 요청한다. 또한 숙의 과정의 폐쇄성과 배제 문제를 극복하기 위해 타자성을 적극 포함하는 포용적 민주주의를 제안한다.

어떤 민주주의인가

자기결정 과정으로서 민주주의는 영의 정치철학에서 핵심적인 위치를 차지한다. 영에게 "민주주의는 사회 정의의 요소이자 조건"이다(Young, 2017: 206). 지배 구조의 제거 및 개선은 구성원들의 자유 실현을 위한 핵심 조건이다. 또한 민주적 절차에의 참여는 구성원들이 자신의 이익과 역량을 적극 증진하는 수단이다. 요컨대 민주주의는 수단으로서든 본래 의미에서든 사회 정의의 중요한 요소다.

이때 영이 말하는 '민주주의'란 정확히 무엇인가? 영은 민주주의를 크게 두 가지 유형으로 구분해 고찰한다. 선호집합적 민주주의(aggregative democracy)와 숙의민주주의(deliberative democracy)가 그것이다. 선호집합적 민주주의는 구성원들의 의사를 투표로 집산해 다수결 원리에 따라 정책 또는 대표자를 정하는 방식을 가리킨다. 선호집합적 관점이 자유주의적 정치관과 잘 부합하는 이유는 자유주의적 관점에서 시민들의 자기결정 과정이란 사적 권리나 이익을 추구하는 것과 다름없기 때문이다. 따라서 투표를 통한 의사결정은 다수의 선호를 확인하고 그것을 추구하는 절차로서 작동한다.

선호집합적 민주주의는 개인들의 선호를 사전에 이미

주어진 것으로 간주한다는 점에서 큰 문제가 있다. 시민들은 이 선호에 대해 함께 논의하고 중요한 안건을 고민할 기회 없이 자신의 개별 관점을 표출하는 데 그친다. 따라서 각 선호의 내용이 지닌 중요성을 충분히 검토할 수 없으며, 자기결정 과정에서 구성원들 간 조정과 협력 역시 사라진다(Young, 2020: 33). 남는 것은 개별 당사자들의 좁은 시야에서 이루어지는 합리적 이익 추구뿐이다. 이로써 선호 집합적 민주주의에는 정의 추구라는 가치 지평 역시 존재하지 않는다.

영에게 숙의민주주의는 선호집합적 민주주의보다 민주주의와 정의의 연관을 더 잘 설명할 수 있는 민주적 모델이다. 이 모델은 민주적 결정을 내릴 때 관련 당사자들이 공론 영역에서 직접 대화에 참여해 자신의 필요와 관심을 자유롭게 표현하는 충분한 숙의(deliberation) 과정을 요구한다. 영은 숙의민주주의의 핵심 이상을 네 가지로 정리한다. 포용(inclusion), 정치적 평등(political equality), 합당함(reasonableness) 그리고 공공성(publicity)이 그것이다 (Young, 2020: 36).

숙의민주주의는 **포용**을 지향한다. 즉 어떤 결정에 영향을 받는 모든 이가 그 결정 과정에 참여할 수 있어야 하며, 결정은 이 경우에만 정당성을 인정받을 수 있다. 관련된 당사자가 자신의 이해관계를 충분히 설명할 기회를 얻지 못한 채 배제될 경우, 우리는 그 결정의 정당성에 의문을 제기할 수 있다. 이러한 포용은 **정치적 평등**과 맞물린다. 대화 과정에 참여하는 모든 구성원은 외적 강제로부터 자유로운 상태에서 평등한 지위를 인정받아야 한다. 즉 대화에 내적인 설득력 외 모든 요소가 배제된다는 의미에서 대화 참여자들은 평등하게 고려된다. 이러한 대화 과정은 참여자들에게 타인의 의견을 경청하고 대화에 참여하고자 하는 **합당함**의 자세를 요구한다. 대화 참여자들은 상대를 존중하고 이해하기 위해 노력하려는 태도를 취해야 하며, 이로써 토론 과정은 숙의적 절차로서 효력을 획득한다. 이러한 이상들을 통해 참여자들은 상호작용하는 주체로서 공중(public)을 형성한다. 이 공중 사이의 대화는 그저 사인(私人) 간의 대화가 아니라 대화 참여자 누구에게나 적절한 근거를 제시하라고 요청할 수 있는 **공공성**의 이상으로 나타난다. 이는 어떤 의견이 모든 사람의 동의를 이끌어내거나 모두에게 수용된다기보다 그 형식과 내용 면에서 이해될 수 있음을 뜻한다.

숙의 과정을 통한 상호작용은 정치적 행위자들에게 독백적 입장에만 머무르는 대신 자신의 선호를 타인과 함께 숙고하고 반성할 계기를 제공한다. 이러한 숙의민주주의의 이상은 시민들이 다른 의견을 지닌 이들과의 지속적 대화 속에서 새로운 정보를 획득하고 자신의 무지를 깨우치며 더 나은 가치 지향의 방향을 함께 결정할 수 있기를 기대한다.

차이를 포용하는 소통적 민주주의

영은 숙의 과정이 불편부당성 이념을 통해 이해되어서는 안 된다고 주장한다. 즉 숙의 절차가 다양한 의견들을 단일한 공적 이성으로 수렴하는 것에 불과하다면 그것은 다양한 맥락과 차이를 제거하거나 배제하게 될 뿐이라고 본다. 이처럼 강한 객관성을 요구하는 것은 사회 부정의 개선으로 이어지기는커녕 지배와 억압을 더욱 강화할 뿐이다. 따라서 민주주의와 정의의 내재적 연관이 유지되려면 숙의 민주주의를 구성원들의 차이가 공유되는 과정으로 이해해야 한다.

그러나 문제가 있다. 정치·경제적 권력의 작동으로부터 자유로운 민주적 의사결정이 가능하려면, 민주적 과정 자체가 애초에 정의로워야 한다. 이러한 조건이 갖춰지지 않은 상태에서 숙의적 이상들은 개별성과 차이를 포용하기보다 배제하는 방향으로 작동하기 쉽다. 부와 권력의 격차가 현존하는 상황에서 공론장 내 의견 개진 기회와 영향력 역시 불평등할 수밖에 없다. 그렇기에 정의를 실현하기 위해 요청된 숙의 과정은 외려 정의롭지 않은 조건을 확산한다. 이 악순환의 고리를 어떻게 해소할 것인지가 숙의민주주의의 핵심적인 과제다(Young, 2020: 52).

이 문제를 해결하기 위해 영은 숙의민주주의 자체의 한계를 적극 검토한다. 정치적 의사결정이 숙의 과정의 한계를 극복하고 공공성의 책무를 더 강하게 부담할수록, 즉 동료 시민들과의 소통을 더욱 강조할수록 공론장에서 소수자들의 목소리가 더 경청될 가능성이 높아지기 때문이다(Young, 2020: 53). 사회구조적으로 배제된 이들을 포함하기 위해 극복해야 할 숙의민주주의의 대표적 한계는 논증적 소통 방식에 대한 우대 그리고 질서정연함에 대한 강조다.

숙의적 대화는 일반적으로 고등 교육 과정을 통해 교육되는 문어체적 말하기, 즉 논증적 소통 방식을 강조한다. 이 소통 방식은 자신의 주장에 대한 합당한 근거를 논리정연하게 제시할 수 있는 역량을 전제한다. 이를 모든 사람이 공통적이고 평등하게 수행할 수 있는 것은 아니다. 이는 대체로 전문직 등에게 특수하게 공유되는 양식이다. 그럼에도 숙의적 대화는 논증적 소통을 소통의 기본 형식으로 가정함으로써 이에 익숙하지 않은 다른 많은 직업군, 그리고 자신의 역사와 문화를 논증적으로 소개할 수 없는 소수자들을 공론 영역에서 배제한다.

논증적 소통 방식은 질서정연함에 대한 강조와도 맞물려 있다. 숙의민주주의는 의회, 법정, 청문회, 대학 등 공식 제도하에서 규칙에 따라 질서 있게 이루어지는 대화 양식을 표준으로 삼는다. 이러한 장소·상황에서 이루어지는 논증적 대화는 이른바 '지식인'들 간 '차분하고 질서 있는' 소통을 요하며, 무질서하고 소란스러운 발하기를 거부한다. 그러한 말하기에 대한 거부는 제도화된 영역 안으로 들어올 수 없었던 의제들, 시민들의 의견들을 다른 방식으로라도 발화할 수 있는 기회를 차단하는 것이기도 하다.

따라서 영은 숙의민주주의가 강조하는 숙의 과정이 훨씬 폭넓게 이해될 필요가 있다고 강조한다. 일부 집단에 특화된 '차분하고 질서정연한' 논증적 대화 외에도 각 구성원이 지닐 수 있는 고유한 소통 방식을 모두 숙의 과정에 포함해야 한다고 주장한다. 영은 이러한 비논증적 소통 방식의 사례로 타인과 감정적 교류를 수행하는 환대 인사(greeting), 수사적 말하기(rhetoric), 서사적 말하기(narrative) 등을 제시한다.

환대 인사는 우리가 일상적으로 수행하는 소통 방식이다. "안녕하세요?", "잘 지내세요?"와 같은 인사를 통해 우리는 상대와 논쟁하는 대신 타인이 세상에 존재함을 인정하는 작업을 수행한다. 이러한 인정을 통해 우리는 상호 존중하는 자세, 타인의 대화를 경청할 자세를 드러낸다(Young, 2020: 95). 인정의 태도가 결여된 말하기는 매우 무미건조해지며 결국 중단될 수밖에 없다.

수사적 말하기는 흔히 '합리적 말하기'와 구분되어 말장난 또는 상대를 조종하려는 전략적 말하기로 이해되어 왔다. 고대 그리스 철학에서 소피스트들이 경멸받았던 것도 그들이 말하기를 진리 전달이 아니라 그저 감정적 자극을 위한 수단으로 사용한다는 비판적 시선 때문이었다. 하지만 영은 어떤 주제를 누구에게 전달하는지와 같은 특별한 맥락을 고려할 때 수사적 말하기가 매우 중요한 역할을 한다고 본다(Young, 2020: 107). 또한 수사적 발화는 청중이 주제에 대해 인지적으로 알게 하는 것을 넘어 동기를 부여하는 데에도 결정적 역할을 수행한다.

구성원들이 살아온 역사·경험·맥락 등을 전달하는 과정으로서 서사적 말하기, 즉 스토리텔링(storytelling)은 기존 공적 담론에서 주목받지 못했다. 하지만 서사적 말하기(혹은 스토리텔링)는 논증적 대화와 달리 우리가 어떤 사회적 위치에 있고 어떤 경험을 했는지 전하는 데 결정적으로 기여할 수 있다. 영은 이러한 기여의 대표적 예로, 법적으로 '성적 괴롭힘(sexual harassment)' 개념이 존재하지 않던 1970년대에 여성들이 자신의 경험을 적극 공유하고 개념화하려 노력함으로써 성적 괴롭힘에 대한 도덕적·법리적 견해가 자리 잡게 된 상황을 든다(Young, 2020: 114). 아울러 서사적 말하기는 우리가 어떤 가치와 문화적 공동체 속에서 살아왔는지, 그 의미가 무엇인지를 밝히는 역할 역시 수행한다.

비논증적 소통 방식은 환대 인사, 수사적 말하기, 서사적 말하기 외에 다른 양상으로도 나타날 수 있다. 특히 질서정연하지 않은 발화 방식, 이를테면 파업 현장이나 거리 집회에서의 발화 등은 특정한 제도적 양식으로 포착되지 않는 의제를 공중 사이에서 공유하고 토론하는 과정일 수 있다(Young, 2020: 71). 따라서 영은 합당함의 자세를 견지하는 (그리고 비폭력적 양상을 띠는) 항의 역시 때로 소란스럽고 질서를 깨뜨리더라도 숙의민주주의의 중요한 요소로 고려되어야 한다고 생각한다.

물론 비논증적 말하기가 기존 숙의 과정의 모든 소통 방식을 대체할 수는 없으며, 때로는 그 적합성을 비판적으로 고려해야 한다(Young, 2020: 120-123). 하지만 이처럼 소통 개념이 확장되어야만 숙의민주주의는 모든 참여자에 대한 포용적 과정으로서 더 많은 소통을 가능하게 할 수 있다.

참고문헌

Young, I. M.(1990). *Justice and the Politics of Difference.* Princeton, NJ: Princeton University Press. 김도균·조국 옮김(2017). ≪차이의 정치와 정의≫. 모티브북.

Young, I. M.(2000). *Inclusion and Democracy.* New York: Oxford University Press. 김희강·나상원 옮김(2020). ≪포용과 민주주의≫. 박영사.

08

책임을 공유하기

억압과 지배라는 사회적 부정의에 대한 책임은 누가 져야 하는가? 기존 도덕적·정치철학적 책임 담론에서 책임은 개인이 짊어지는 것으로 간주되어 왔다. 영은 불평등을 비롯한 사회구조적 부정의의 책임을 개인에게만 묻는 논의 방식의 한계를 지적하며, 관련된 사회 구성원 모두가 책임을 공유해야 한다고 주장한다. 이를 위해 영은 아렌트의 '정치적 책임' 개념을 비판적으로 자세히 고찰한다.

개인적 책임에서 정치적 책임으로

영국 총리였던 마거릿 대처(Margaret Thatcher)는 1987년 한 잡지와의 인터뷰에서 다음과 같이 말했다. "사람들은 자신의 문제를 사회에 전가합니다. 그런데 사회 같은 것은 없습니다.… 사람들이 먼저 자기 자신을 돌보지 않는다면 정부도 할 수 있는 일이 없습니다." 미국의 로널드 레이건(Ronald Reagan) 대통령과 함께 신자유주의 체제로의 전환을 이끈 대처의 이러한 발언은 사회 문제에 대한 책임 소재를 분명하게 드러낸다. 가난, 주거 불안, 실업 등의 문제는 개인이 스스로 해결해야 할 문제이지 국가가 나서서 먼저 해결할 일은 아니라는 것이다.

전통적으로 법이나 도덕의 핵심이었던 개인적 책임 개념은 20세기 후반부터 정치·사회적으로도 확산했다. 많은 국가가 개인적 책임을 포함하는 '능동적 복지' 같은 개념을 제시하면서 우선 개인이 노동해 자신(과 가족)의 생계를 책임질 것을 요구했다. 이때 개인적 책임 개념에서 '개인적'이란 무엇을 의미하는가? 모든 구성원은 선택을 해야 하며, 설령 그 선택에서 불이익과 피해가 발생하더라도 그 자신이 감수해야 함을 의미한다. 이 불이익과 피해에 대해 타인 혹은 공동체에게 도움을 요청할 권리란 존재하지 않는다.

개인주의적 책임 담론은 사회구조적 문제에 대해서도 동일한 방식으로 책임을 부과한다. 여기서 개인들은 빈곤, 불평등, 주거 불안 등 사회에서 확산하는 구조적 문제들에 대해서도 자신의 선택에 따른 결과를 받아들여야 한다. 영은 개인주의적 책임 담론이 사회구조와 개인적 책임을 상호 배타적 범주로 파악하며, 사회의 배경 조건 자체는 의문시하지 않는 관점과 결합되어 있다고 분석한다(Young, 2018: 55).

평등을 진지하게 고찰하는 이론가들도 이러한 개인주의적 책임 담론에서 크게 벗어나지 않는다. 가령 법철학자이자 자유주의적 정의론자인 로널드 드워킨 역시 개인적 책임에 대해 유사한 주장을 펼친다. 드워킨은 사회 구성원이 어떤 불이익을 받을 때, 그 피해가 자신의 선택에 따른 것인지 아니면 통제할 수 없는 환경에 따른 것인지 묻는 '운 평등주의(luck egalitarianism)' 입장을 취한다(Dworkin, 2000: 323). 이 입장에 따르면 행위자 자신이 통제할 수 없었던 불운에 의한 피해는 사회적 보상이 필요하지만, 자신의 선택에 따른 결과는 그 자신이 책임져야 하는 문제다.

영은 운 평등주의가 제시하는 개인적 책임 개념 역시 사회구조의 영향과 작동을 거의 외면한다고 비판한다. 개인이 통제 가능한 선택의 범위는 그들이 처한 맥락과 상황에 따라 달라진다. 그럼에도 개인의 선택만을 강조한다면 이는 사회적 관계들과 실천들을 비롯한 사회구조적 영향을 '운'의 이름으로 도외시하는 것에 불과하다(Young, 2018: 79).

또한 개인적 책임에 대한 강조가 사회구조에 대한 구성원들의 책임을 면제한다는 점 역시 문제적이다. 영은 이러한 책임 제기 방식을 도덕적으로나 법적으로 책임을 묻는 '법적 책임 모델(liability model)'로 명명한다. 영은 사회구조적 부정의에 대한 책임을 물으려면 법적 책임 모델의 방식이 아니라 사회 구성원들이 책임을 다 함께 공유하는 접근법이 필요하다고 서술한다. 영은 후자의 의미에서의 책임을 '사회적 연결 모델(social connection model)'로부터 발생하는 '정치적 책임(political responsibility)'이라고 부른다.

아렌트의 정치적 책임과 그 한계

영이 사용하는 정치적 책임 개념은 정치철학자 한나 아렌트의 논의에서 빌려 온 것이다(Young, 2018: ch. 3). 아렌트가 정치적 책임을 다룬 맥락은 제2차 세계대전 이후의 사유 지형과 맞물려 있다. 철학자들과 지식인들은 전쟁이 끝

난 뒤 드러난 참상을 목도하며 이 폐허를 초래한 책임이 그저 한두 명의 지도자만이 아니라 공동체 구성원들에게 공유되어야 한다고 주장했다. 이로써 도덕·정치철학에서 '집단적 책임(collective responsibility)'이라는 개념이 본격적으로 다루어지기 시작했다(Jaspers, 1946).

하지만 아렌트는 '집단적 책임'을 다루는 방식이 대개 잘못되었다고 지적한다. 가령 조엘 파인버그(Joel Feinberg)는 집단적 책임이라는 문제를 은행털이 범죄를 공모한 집단 구성원이 나누어 갖는 책임, 바다에 빠진 사람을 해변에 있는 사람들이 구해야 하는 책임과 같은 관점으로 설명한다(Feinberg, 1970). 아렌트는 이 논의 방식이 '집단'을 잘못 이해하는 것이라고 지적한다. 여기서 집단은 개인들을 산발적으로 묶어 놓은 것에 불과할 뿐 진정으로 집단적 성격을 띠지는 않기 때문이다(Arendt, 1987: 44).

아렌트가 생각하는 '집단' 그리고 '집단적 책임'이란 임의로 결합하고 벗어날 수 있는 것이 아니라, 자발적으로 해소 불가능한 성원권으로부터 발생한다. 따라서 아렌트는 내가 직접 하지 않은 것에 대해서까지 책임을 져야 할 때 진정 집단적 책임이 성립한다고 설명한다(Arendt, 1987: 45). 아렌트는 집단적 책임의 사례로 우리가 속한 정치적 공동체의 경우를 든다. 과거의 정부 또는 선조들이 저지른 잘못은 그 후손들에게 책임으로 이어지게 된다는 것이다. 이는 잘못에 대한 법적 또는 도덕적 책임은 아니며, 어디까지나 같은 공동체의 성원으로서 갖게 되는 책임이라고 아렌트는 설명한다.

아렌트의 논의에서 우리에게 중요한 것은 법적·도덕적 책임과 정치적 책임이 구분되어야 한다는 설명이다. 법적·도덕적 책임은 잘못된 행위를 저지른 당사자에게 구체적으로 귀속된다. 반면 정치적 책임은 설령 내가 그러한 잘못을 하지 않았더라도 같은 집단에 소속되었다는 조건으로 말미암아 생겨난다. 이 둘을 명확히 구분하지 않은 채 모든 구성원이 도덕적 책임을 공유해야 한다고 말하는 것에 대해, 아렌트는 "모두가 유죄인 곳에서는, 누구도 유죄가 아니다(where all are guilty, nobody is)"라고 비판한다(Arendt, 1987: 43).

영은 아렌트의 논의에서 제시된 법적·도덕적 책임과 정치적 책임 사이 구분을 이어받아 발전시키는 한편, 그 중요한 한계 역시 발견한다. 아렌트에게 정치적 책임이란 구성원들이 임의로 벗어날 수 없는 역사적 연속체 속에서 '선조가 행한 죄를 이어받은 부담'을 의미한다. 하지만 우리가 사회구조적 부정의에 대한 책임을 공유한다고 할 때, 그 의미가 이처럼 국가라는 공동체에 참여한다는 것으로만 한정될 수는 없다(Young, 2018: 150). 아렌트가 말하는 정치적 책임은 성원권이라는 다소 정태적인 개념과 연결된다. 성원권이 구체적으로 어떤 역사적 사건에 대해, 사회적 부정의에 대해 제기하는 구체적인 부담 또는 책임은 무엇인가? 이 지점에서 아렌트의 설명은 매우 추상적인 논의에 한정되고 만다.

영에 따르면 정치·사회 공동체에 소속된다는 사실 자체는 우리에게 별다른 책임을 부여하지 못한다. 더 중요한 것은 우리가 그 사회 제도나 다른 구성원들과 어떻게 관계 맺느냐다(Young, 2018: 161). 책임은 어떤 제도가 사회 구성원들에게 미치는 영향, 우리가 그 제도의 작동에 기여하는 방식이나 그것과 상호작용하는 방식에서 발생하고 더욱 구체화된다.

영은 아렌트의 저서 ≪예루살렘의 아이히만(Eichmann in Jerusalem)≫을 독해하며 추상적 책임 논의를 넘어설 지점을 탐색한다. 영이 특히 주목하는 것은 특정한 죄를 짓지 않았다 하더라도 여전히 어떤 의미에서 책임이 제기될 수 있다는 아렌트의 설명이다. 영은 이를 다음과 같이 해석한다. 설령 구체적인 죄를 저지르지 않았다 하더라도, "범죄를 가능하게 한 사회 체계 안에 살면서 그 체계의 작동을 수동적으로 지원"(Young, 2018: 160)했다는 데서 책임이 발생한다는 것이다. 이로써 독일을 비롯한 전체주의 사회에서는 "사건에 대해 자신의 판단을 가지고 타자 앞에 등장할 수 있는 조직화된 공적 공간"(Young, 2018: 160)이 소멸한다. 대화와 소통 공간의 소멸은 수많은 독일인이 이후 별 이유 없이 구금되거나 처형되고, 재산이 몰수당하는 상황에서도 별다른 비판을 제기하지 못하는 결과로 이어진다. 영은 이처럼 주변에 대해 성찰할 수 있는 영역을 적극적으로 지켜 내기 위한 노력을 하지 않았다는 점에서 독일 국민들이 자신의 정치적 책임을 충분히 이행하지 못했다고 평가한다.

정치적 책임 개념을 사회 제도와의 연관 속에서 더 복합적으로 이해하고 평가할 때, 우리는 아렌트가 제기한 공동체 구성원으로서의 책임이라는 추상적 층위를 넘어 더욱 구체적으로 사회구조적 부정의를 둘러싼 책임을 논할 수 있게 된다. 이 지점에서 책임을 공유하는 근거는 그저 같은 공동체의 일원이라는 사실로부터 나오는 것이 아니라, 우리가 사회 제도를 통해 서로 영향을 끼치며 살아가는 상호의존적 존재라는 사실에서 나온다. 영은 이처럼 아렌트의 정치적 책임 개념을 재해석하고 확장함으로써 사회구조에 영향받거나 그것을 재생산하는 구성원들이 공유하는 책임을 논할 토대를 마련한다.

참고문헌

Arendt, H.(1987). Collective Responsibility. In Bernauer, J. W.(ed.). *Amor Mundi: Explorations in the Faith and Thought of Hannah Arendt.* Boston: Nijhoff.

Dworkin, R.(2000). *Sovereign Virtue: The Theory and Practice of Equality.* Cambridge, Mass.: Harvard University Press.

Feinberg, J.(1970). Collective Responsibility. In May, L. & Hoffman, S.(eds.). *Collective Responsibility: Five Decades of Debate in Theoretical and Applied Ethics.* Maryland: Rowman & Littlefield Publishers.

Jaspers, K.(1946). *Die Schuldfrage.* Heidelberg: Lambert Schneider Verlag.

Young, I. M.(2011). *Responsibility for Justice.* New York: Oxford University Press. 허라금·김양희·천수정 옮김(2018). ≪정의를 위한 정치적 책임≫. 이화여자대학교출판문화원.

09
사회적 연결 모델

영은 개별 행위에 대한 개인의 책임을 다루는 방식을 '법적 책임 모델'이라고 부른다. 한편 우리가 사회구조적 부정의에 대해 짊어져야 하는 정치적 책임에 대한 관점은 '사회적 연결 모델'로 명명한다. 두 책임 모델은 어떻게 다른가? 영은 그 차이를 논함으로써 사회구조적 부정의에 대한 책임을 구체적으로 검토한다.

사회적 연결 모델: 사회구조적 부정의에 대한 책임

영은 행위에 대한 개인적 책임을 다루는 방식으로는 사회구조적 부정의를 충분히 해결하거나 그에 대한 책임을 논하기 어렵다고 주장했다. 그렇다면 구성원들이 구조적 부정의에 대해 책임지는 방식은 어떻게 설명되어야 하는가? 영은 이 물음에 대한 답변으로 '사회적 연결 모델'을 제시하고, 그것을 개인 행위에 대한 비난과 처벌 중심의 기존 책임 모델('법적 책임 모델')과 대비하며 그 특징을 상술한다.

사회적 연결 모델의 특징은 크게 다섯 가지 측면에서 서술된다. 책임을 묻는 방식, 책임의 대상, 책임의 방향, 책임의 공유 여부, 책임의 이행 방식이 그것이다.

분리하지 않기

개인에게 법적·도덕적으로 책임을 묻는 것은 행위 당사자를 그와 무관한 주변인들과 분리하는 것이다. 법적 책임 모델에서 관건은 잘못을 저지르거나 책임을 져야 하는 사람을 구체적으로 지목하고, 책임 당사자가 아닌 사람을 구분하는 작업이다. 이 구분을 통해 책임 제기의 대상과 범위가 정확하게 한정되어야 한다. 이러한 전통적 책임 논의는 해악을 발생시킨 당사자가 책임을 져야 한다는 개인적·원자론적 관점을 전제한다.

그러나 구조적 부정의에 대한 논의에서 책임 당사자를 분리하는 작업은 거의 불가능하다(Young, 2018: 190). 사회구조적 과정에는 셀 수 없이 많은 행위자들이 장기간에 걸쳐 참여한다. 이때 문제는 단순히 참여자가 많다는 것만이 아니라 사회구조적 과정의 복잡한 회귀적 성격으로 말미암아 단선적인 원인-결과 분석이 불가능하다는 점이다. 따라서 어떤 사태를 일으킨 구체적 당사자를 지목하고 책임을 묻기 어렵다.

이는 구조적 부정의에 대한 책임의 범위가 훨씬 넓게 고찰되어야 함을 의미한다. 억압과 지배를 해결하기 위해서는 명시적으로 규칙을 위반한 누군가를 지목하고 처벌하는 것만으로는 부족하다. 명시적으로 잘못된 행위 없이도 여전히 사회구조의 문제가 지속될 수 있기 때문이다. 따라서 구조적 부정의를 해결하는 데 중요한 것은 구체적 잘못을 저지른 사람을 지목하는 것이 아니라 부정의가 발생하는 맥락을 포괄적으로 이해하고 살펴보는 것이다.

배경 조건을 고찰하기

법적 책임 모델에서 책임이 있다고 간주되는 대상은 잘못된 행위 또는 그 행위를 수행한 행위자들이다. 도덕적으로 또는 법적으로 잘못이나 해악을 규정하고 책임을 물을 때, 이 잘못은 일련의 '정상적'인 사회적 조건으로부터의 일탈로 간주된다. 이때 책임은 이 일탈을 처벌하거나 보상함으로써 '정상 상태'로 되돌려 놓는 것을 목표로 한다.

그러나 사회구조적 부정의를 문제로 진단하는 것은 그저 개별 행위들의 잘못을 가리키지 않는다. 이 진단은 수많은 개인들과 행위들을 연결하는 사회구조를 향한다. 다시 말해 행위를 발생시키는 사회적 배경 조건에 대해 문제를 제기한다. "구조적 부정의가 존재한다고 판단한다는 것은 최소한 일반적이고 수용 가능한 행위의 배경 조건 가운데 일부를 도덕적으로 받아들일 수 없다고 말하는 것이다."(Young, 2018: 192)

배경 조건은 우리가 의식적으로든 무의식적으로든 참여하는 수많은 제도적 관습과 실천을 포함한다. 이를 통해 우리는 정의롭지 않은 사회구조를 지속적으로 재생산하는 데 참여한다. 따라서 사회구조에 대한 책임은 그저 일시적으로 일탈적인 상황을 '원상 복구'하는 방식으로 실현될 수 없다. 이 책임은 행위자들이 습관적으로 참여하는 수많은 관행에 대해 장기적이고 광범한 성찰을 시도하고 그 관행을 개선하려는 노력을 요한다.

미래를 바라보는 책임

책임은 근본적으로 시간과 관련된 개념이다. 즉 책임은 과거 또는 미래의 사건을 향해 발생한다. 우리가 일반적으로 (법적 책임 모델의 관점에서) '책임을 진다'고 말할 때, 이는 당사자가 과거에 발생한 어떤 잘못에 대해 처벌이나 비난을 감수하거나 손해를 보상하는 일을 의미한다. 또한 이때 책임은 해당 잘못이 미래에 반복되지 않게 하기 위한 제재의 성격을 띤다. 이런 맥락에서 법적 책임 모델이 말하는 책임은 과거와 미래에 복합적으로 얽혀 있다.

하지만 영은 법적 책임 모델의 시간성이 과거지향적(backward-looking) 성격에 기울어 있다고 본다. "비난을 하거나 죄나 잘못을 묻는 행위의 주요 목적은 과거를 돌아보는 것"(Young, 2018: 194)에 있으며, 이때 책임을 물으려는 사건은 이미 종결된 개별 단독 행위여야 한다.

사회적 연결 모델이 제안하는 정치적 책임 개념 역시 복합적으로 얽힌 시간성을 띤다. 현재의 정의롭지 않은 사회구조가 어떻게 발생했고 재생산되는지 확인하는 데 과거를 이해하는 과정이 필수적인 만큼 정치적 책임에서 과거는 중요하다. 그럼에도 영은 사회적 연결 모델에서 앞을 바라보는(forward-looking) 성격이 더 두드러진다고 본다. 정치적 책임이 행위자들에 대한 처벌이나 비난, 보상보다는 구조적 부정의 개선에 더 중점을 두기 때문이다(Young, 2018: 195). 따라서 사회적 연결 모델에서는 행위자들에게 요구되는 책임 역시 자신이 참여하는 구조적 부정의를 개선하려는 노력으로서 부과된다.

책임을 공유하기

영은 구조적 부정의에 대한 책임이 특정 행위를 수행한 당사자에게 한정적으로 부과되는 것이 아니라, 그 사회구조적 과정에 참여한 모든 사회 구성원이 책임을 공유한다고 설명한다(Young, 2018: 196). 정치적 책임을 져야 하는 주체는 구조적 부정의와 관련된 모든 당사자로서, 이때 나의 책임은 (법적 책임 모델에서와 달리) 다른 사람이 책임을 진다고 해서 면제되지 않는다.

그런데 구조적 부정의에 대한 책임을 공유한다는 것은 정확히 무엇을 의미하는가? 집단적 층위에서, 즉 '한국 정부'와 같은 집단 차원에서 책임을 진다는 것인가? 이런 의미라면 책임은 개인에게 나누어지는 것이 아니라 이 집단체가 별도로 짊어지는 것이 된다. 하지만 영은 정치적 책임이란 개인과 구분되는 집단체가 져야 하는 것이 아니라 사회 구성원 모두가 나누어 져야 하는 것이라고 설명한다. 이런 맥락에서 영의 구조적 접근은 원자론적이지는 않을지

라도 [누스바움이 영의 저서 ≪정의를 위한 정치적 책임(Responsibility for Justice)≫ 서론에서 지적하듯] 방법론적으로는 개인주의적 접근에 맞닿아 있다(Young, 2018: 17). 비록 나 혼자만의 행위로 정의롭지 않은 구조가 형성되는 것은 아니지만, 그럼에도 나 역시 그 구조에 참여했다는 사실을 부정할 수는 없으며 그 기여도를 정확히 측정할 수 없기에 구조적 부정의에 대한 책임은 개개인에게 공유된다(Young, 2018: 197).

집단행동을 통한 이행

법적 책임 모델에서 책임 당사자가 책임을 실현하거나 책임으로부터 벗어나기 위해서는 경제적 보상 혹은 일정한 처벌이나 비난을 감수해야 했다. 이는 책임 당사자가 아닌 다른 이들에게는 책임이 없음을 의미하기도 한다. 반면 영이 제안하는 사회적 연결 모델에서는 사회구조에 관련된 모든 당사자가 책임을 공유하며, 특정인이 책임을 진다고 해서 다른 이들이 책임에서 벗어날 수는 없다. 영은 구성원들이 다른 이들과 함께 사회구조를 바꾸기 위한 집단행동에 나서는 경우만이 책임을 이행하는 것이라고 설명한다. 사회구조는 매우 광범한 네트워크로 구성되어 있기에 그것을 변화시키는 일 역시 다양한 위치의 구성원들이 동참함으로써만 가능하다.

영은 바로 이러한 의미에서 사회적 연결 모델에서 제시되는 책임이 '정치적'이라고 서술한다. "여기서 '정치적'이라는 말은 관계를 조직하고 행동을 더 정당하게 조율하기 위해 다른 이들과 공적인 소통에 참여하는 것이다."(Young, 2018: 199) 즉 사회 구성원들이 구조적 부정의에 연관되어 있음을 알리고 그 부정의를 개선하기 위한 노력에 동참하도록 설득하는 과정이야말로 정치적 책임을 실현하는 것이다.

여기서 영은 흥미로운 (그리고 논쟁적인) 주장을 펼친다. 심지어 구조적 부정의의 피해자로 간주되는 이들에게도 이 정치적 책임의 부담이 공유된다는 주장이다(Young, 2018: 200). 사회구조에 피해를 입은, 혹은 불리한 위치에 있는 이들이야말로 사회적 문제의 본질을 고유하게 이해할 수 있다. 이들이 자신의 이해를 다른 사회 구성원들과 공유함으로써 더 나은 특권적 지위에 있는 이들에게 영향을 미칠 수 있다는 것이 영의 설명이다.

참고문헌

Young, I. M.(2011). *Responsibility for Justice*. New York: Oxford University Press. 허라금·김양희·천수정 옮김(2018). ≪정의를 위한 정치적 책임≫. 이화여자대학교출판문화원.

10
정치적 책임과 남은 문제들

영의 때 이른 타계로 사회적 연결 모델에 대한 해명은 보완되어야 할 부분이 몇 곳 남아 있다. 이 중 두 가지 문제를 살펴보려 하는데, 바로 책임과 비난의 문제 그리고 책임의 지침 문제다. 책임에 비난과 처벌의 요소가 빠져 있다면, 실질적으로 구성원들로 하여금 책임을 이행하게 할 요인이 존재하는가? 또한 정치적 책임은 모든 구성원에게 동일하게 부과되어야 하는가, 아니면 사회적 지위나 맥락에 따라 다르게 주어지는가?

책임과 비난

사회적 연결 모델에서 책임은 비난과 처벌이라는 방식으로 작동하지 않는다. 영은 개별 당사자를 비난하거나 처벌하는 것이 구조적 부정의를 해결하는 데 효과적이지도 적절하지도 않다고 본다. 구조적 과정의 참여 범위가 매우 넓어 특정 개인의 기여도를 파악할 수 없기 때문이다.

아울러 법적 책임 모델의 처벌중심적·비난중심적 접근은 구성원들이 책임을 회피하게 하거나 그들 간 분열을 만들어 낸다. 그러한 접근은 때로 구조적 부정의 상황을 지나치게 단순화하며, 이를 통해 '책임 당사자'와 그 밖의 구성원들을 구분한다. 이로써 여타 구성원들은 책임을 벗어나거나 사안에 수동적 자세를 취하게 된다(Young, 2018: 204).

더 나아가 비난중심적 언어는 구성원들로 하여금 책임을 전가하거나 방어적 자세를 취하게 만든다. 비난받는 당사자는 수치심을 느끼며 비난으로부터 벗어나려 하기 때문에, 책임을 떠맡기보다는 타인에게 전가하려 한다(Young, 2018: 206). 이 과정에서 사람들은 책임을 공유하려는 자세보다는 방어적 태도만을 취하게 되며, 이는 구성원들 간 분열과 갈등이 심화하는 결과로 이어진다. 시민들은 함께 부정의를 개선하기 위해 집결하고 행동에 나서기보다 비난할 누군가를 찾는 데에만 집중한다. 이런 맥락에서 비난과 처벌이라는 법적 책임 모델의 방식은 미래지향적이기보다 과거지향적이라는 한계를 벗어나지 못한다.

그러나 사회적 연결 모델에서 비난이라는 요소를 빼자는 영의 제안에 누스바움은 우려를 표한다. 비난과 처벌이라는 요인이 없다면 구성원들로 하여금 책임을 부담하게 할 근거 역시 사라진다는 것이다(Young, 2018: 28). 예를 들어 2025년에 기후위기 해결을 위한 예산과 노력을 약속한 정치인이 있다고 하자. 하지만 그는 1년 동안 이 약속에 대한 책임을 이행하지 않은 채, 2026년 똑같은 약속을 발표한다. 이러한 문제가 반복되지 않게 하려면, 이 정치인이 책임을 이행하지 않은 것에 비난이라는 방식으로 대응할 필요가 있다.

누스바움은 법적 책임 모델에서 강조하던 비난·처벌 같은 요소의 중요성을 언급한다. 영은 비난중심적 책임이 비생산적인 분열과 갈등만을 일으킨다고 설명했지만, 누스바움에 따르면 이는 비난의 실천적 함의를 놓치는 부분적 이해에 불과하다. 칭찬이나 비난과 같은 실천적 대응은 지금까지의 행위 궤적을 평가함으로써 앞으로 행위할 방향을 설정하거나 수정할 계기를 마련한다. 따라서 비난이라는 실천 방식은 (물론 이에 과도하게 몰두해서는 안 되겠지만) 책임에서 완전히 배제되어서는 안 된다는 것이 누스바움의 주장이다.

물론 누스바움의 이러한 주장과 비판은 영의 사회적 연결 모델을 충분히 이해했는지, 불충분한 이해에 의거한 것은 아닌지 더 검토될 필요가 있다(서원주, 2021: 115). 이를테면 비난과 처벌이라는 방식은 어디까지나 완결된 과거의 사건을 중심으로 책임을 부여하지만, 구조적 부정의는 그러한 종결된 사태가 아니라 현재진행형인 복합적 사태를 지시한다는 점을 고려해야 한다.

하지만 누스바움의 지적은 비난이 책임에 포함되어야 하는지뿐 아니라 실천적 책임에 어떻게 동기를 부여할 수 있는지 묻는 것이기도 하다. 법적 책임 모델에서 구성원들이 책임을 이행하도록 동기를 부여하는 힘은 비난과 처벌이라는 메커니즘을 통해 주어졌다. 그렇다면 사회적 연결 모델에서 구성원들로 하여금 구조적 부정의를 해결하는 데 동참하도록 하는 동기는 어디서 나올까?

영의 논의에서 이 문제는 상대적으로 깊이 다루어지지 않기에, 이에 답하려는 고민들이 제시되어 왔다. 가령 로빈 정(Robin Zheng)은 정치적 책임이 사회 구성원들의 인과적 행위성으로부터가 아니라 그들이 속한 공동체 내 지위로부터 발생한다고 주장한다(Zheng, 2019). 우리가 어떤 공동체에 속해 있으며 그 안에서 어떤 지위를 점하는지 이해할 때, 구조적 부정의와 같은 해악을 개선하는 데 참여할 책임이 생겨난다는 것이다.

책임의 지침들

영은 정치적 책임의 실현 동기에 대해 다음과 같은 중요한 지점을 언급한다. 시민들은 책임을 효과적으로 실천했는지 "비판받을 수 있고 비판받아야" 하며, "책임을 공유하고 있는 다른 사람을 비판할 권리와 의무"(Young, 2018: 245)를 지닌다는 것이다. 그런데 시민들이 정치적 책임을 효과적으로 실천했는지 '비판'한다는 것은 무엇을 의미하는가? 이 비판은 왜, 무엇을 토대로 이루어지는가?

여기서 생각해 봐야 할 문제는 구성원들에게 정치적 책임을 부여하는 지침이다. 구성원들에게 정치적 책임과 관련해 비판이 제기된다는 것은, 그들이 부여받은 책임을 충분히 또는 적절히 실현하지 못했음을 함의한다. 그런데 정치적 책임은 구성원들에게 얼마나 주어져야 하는가? 영은 사회구조적 과정에서 개별적 기여를 측정하는 것이 불가능한 만큼, 관여된 모든 구성원에게 책임이 부과된다고 설명했다. 이는 시민들이 모두 책임을 똑같이 져야 한다는 뜻일까?

만약 그렇다면, 다시 말해 사회 구성원들이 정치적 책임을 동등하게 나눠 가져야 한다면 이는 우리의 규범적 직관과 다소 어긋나는 듯하다. 물론 발생한 피해의 정도나 과실의 크기를 정확하게 규정하고 그만큼의 비난이나 처벌, 보상을 요구하는 법적 책임 모델과 같은 방식으로 정치적 책임을 요구하기란 불가능하다. 그러나 사회구조 내에서 부정의로부터 더 많은 이익을 얻거나, 강한 권력을 지닌 이들이 존재하지 않는가? 특권적 지위에 놓인 구성원들에게 부여되는 책임과 사회구조로부터 가장 소외되거나 피해를 입은 이들의 책임이 동일하다는 것은 다소 이상한 귀결처럼 보인다.

영 자신도 이 문제를 해결하기 위해 책임 문제를 고찰하는 데 도움이 될 지침(parameter)들을 제시한다. 여기서 영이 책임의 확실한 '기준'이 아니라 모호한 '지침'이라는 용어를 쓰는 것은, 책임 개념이 띠는 재량성 때문이다. "사람을 죽이지 말라"는 의무(duty)와 달리, 책임은 그 요구가 개방적이며 포괄적이다(Young, 2018: 245). 따라서 구성원들에게 주어지는 책임의 내용이 정확히 무엇이며 어떻게 행동해야 하는지 일률적으로 정할 수 있는 기준이란 존재하지 않는다. 그 대신 영은 구성원들이 책임을 고찰하는 데 도움이 될 네 가지 지침을 제공한다. 권력, 특권, 이익 그리고 집단 역량이 그것이다(Young, 2018: 246).

어떤 행위자들이 구조 내에서 점하는 높은 지위는 이들에게 더 많은 자원과 **권력**, 영향력을 부여한다. 따라서 우리는 구조적 부정의에 더욱 효과적으로 대응하기 위해 더 많은 권력을 지닌 이들을 대상으로 문제 개선을 요구할 수 있다. 이를테면 시민들은 국제적 노동착취 문제를 해결하기 위해 그 문제와 깊이 관련된 대기업들이 문제 해결에 개입하도록 문제 제기를 해 왔다.

구조적 부정의 탓에 피해를 입는 이들뿐 아니라 그로부터 상대적 **특권**을 얻는 구성원들도 존재한다. 개발도상국의 노동착취적 산업은 선진국 시민들에게 저렴한 가격의 물건을 구매할 기회를 제공한다. 이처럼 사회구조적 과정에서 특정 개인이나 집단이 상대적으로 더 많은 특권을 누린다면, 이들은 부정의를 개선하는 데 더 큰 책임을 져야 한다.

반대로 구조적 부정의의 피해자들에게는 이익 증진과 사회구조 개선 사이에 깊은 연관이 존재하며, 바로 이 연관으로부터 책임이 주어진다. 더 나아가 피해자들에게는 사회구조적 과정에 참여해 부정의를 재생산했다는 점에서,

그렇기에 그 부정의에 대한 가장 직접적인 이해와 지식을 지녔다는 점에서 부정의 상황을 공유하고 개선하도록 노력할 책임이 주어진다.

마지막으로 부정의를 개선할 책임은 오직 집단행동에 참여함으로써만 이행되므로, 구성원들은 책임을 실현하기 위해 **집단 역량**을 실현할 수 있는 조직과 자원을 끌어오거나 요청할 수 있다. 즉 집단 역량을 이미 지닌 기존 단체나 조직을 통해 부정의 개선에 동참할 구성원의 수를 늘리고 효과적으로 집단행동에 나설 수 있다.

책임 개념은 어디까지나 재량적으로 이해되어야 하기에, 이 지침들은 고정된 의미에서가 아니라 사회적 맥락에 따라 파악되고 활용되어야 한다. 예시된 지침들을 비롯한 다양한 요소들을 함께 고민함으로써 우리는 정치적 책임이 충분히 그리고 적절하게 실현됐는지 논의할 수 있다.

물론 해결되지 않은 문제들이 남아 있다. 정치적 책임을 충분히 실현하지 않은 시민에게 가해지는 '비판(criticism)'은, 영이 사회적 연결 모델에서 배제하고자 했던 '비난(blame)'과 구체적으로 어떤 차이가 있는가? 이 비판은 정치적 책임에 어떻게 동기를 부여하는가? 또한 정치적 책임에 대한 지침은 각 구성원에게 책임을 배분하는 방식을 구체적으로 어떻게 규정하는가? 이러한 문제들이 깊이 고민될 때, 사회적 연결 모델은 더욱 설득력 있게 받아들여질 수 있을 것이다.

참고문헌

서원주(2021). "미래지향적 책임과 과거지향적 책임의 구분에 대하여". ≪한국여성철학≫, 36, 103-133쪽.

Young, I. M.(2011). *Responsibility for Justice*. New York: Oxford University Press. 허라금·김양희·천수정 옮김(2018). ≪정의를 위한 정치적 책임≫. 이화여자대학교출판문화원.

Zheng, R.(2019). What Kind of Responsibility Do We Have for Fighting Injustice?. *Critical Horizons*, *20*(2. Special Issue: Iris Marion Young and Responsibility), pp. 109-112.

아이리스 매리언 영(Iris Marion Young, 1949~2006)

미국의 사회주의 페미니스트 정치·사회철학자. 시카고대학교에서 정치학 교수를 지냈다. 정의 이론, 민주주의, 공공정책, 페미니스트 정치 이론 등 여러 분야에 크게 기여했다. 대표작 ≪차이의 정치와 정의≫(1990)는 분배적 정의관을 넘어 지배와 억압이라는 새로운 관점으로 정의 이론의 범위를 확장했다는 평을 받으며 미국정치학회에서 수여하는 빅토리아 슈크상을 수상했다. 또한 유고 ≪정의를 위한 책임≫(2011)은 사회 구성원들이 사회구조적 부정의에 대한 책임을 공유한다는 새로운 책임관(사회적 연결 모델)을 제시한다. 이 외 주요 저서로는 ≪교차하는 목소리들≫(1997), ≪포용과 민주주의≫(2000), ≪국제적 도전≫(2006) 등이 있다.

서원주

서울대학교 철학과에서 정치·사회철학을 전공했으며, 아이리스 매리언 영의 사회구조적 부정의에 대한 정치적 책임 개념을 주제로 박사 학위를 받았다. 현재 동국대학교, 서울대학교에서 학생들에게 철학을 가르치고 있으며, 사회적 부정의, 민주주의, 돌봄 이론을 주제로 연구하고 있다. 주요 논문으로는 "돌봄과 부정의: 불평등한 돌봄 책임 분담에 대한 고찰", "아이리스 영의 정치적 책임에서 주체의 문제" 등이 있다.